どっちもどっち論

「解決できない問題」には理由がある

橘玲
TACHIBANA AKIRA

はじめに

「どっちもどっち」と「わたしが正義」

私のささやかな体験から話を始めましょう。

2018年6月に朝日新聞出版から『朝日ぎらい』という新書を出したのですが、その直後にAmazonに匿名で「自民党や安倍政権を「保守」層だと言ってる時点でリベラルではなく極左から見た視点での話でしかない」という星1つのレビューが投稿されました。

このレビューが奇妙なのは、私がこの本で「安倍政権は「保守」ではなく、若者から見れば「リベラル」だ」と述べているからです。私はそれまで、レビューというのは本を読んでから書くものだと思っていましたが、このときはじめて本を読まずにレビューするひとがいることを知りました。

しかし、驚いたのはそれだけではありません。レビューが投稿されたAmazonの紹介ページには、いちばん目立つところにこの本の目次が紹介されていて、そこには「PART1「リベラル」と「保守」が逆転する不思議の国」のあとに、「1 安倍政権はリベラル」という見出しが載っているのです。この匿名レビュアーは、本を読んでいないだけでなく、本の紹介ページすら見ずにレビューを書いたのです。

この当時はレビューにコメントをつけることができたので、たちまち読者から「この本には安倍政権が保守だなんて書いてない（本を読まずに勝手なレビューを書くな）」という批判が相次ぎました。――投稿したレビューは自分で削除することもできますが、そのようなことをする気はないようで、このレビューは現在も読むことができます。

しかしいちばん驚いたのは、このコメント欄にさらに別の人物が、オリジナルのレビューに賛意を示したうえで、「安倍政権はなぜ保守ではないのか」を滔々《とうとう》と論じた長い文章を投稿したことです（残念ながら、このコメントは現在では読むことができません）。

もういちど状況を整理しておくと、「安倍政権はリベラル」と書いてある本に「安倍政権を保守だというのは極左だ」という星1つのレビューが投稿され、多くのコメントがそれを批判しているにもかかわらず、そのコメント欄に「（本はもちろん目次すら読んでいない）このレビューは卓見だ」として自説を長々と書き連ねるひとが現われたのです。

私はそれを見て、困惑するというよりも、現実が融解するような不気味さを感じました。私の本に対して評価や批判をするのはもちろん自由ですが、このひとたちは、「朝日新聞出版から出た『朝日ぎらい』という本には、朝日新聞を〝反日〟だと批判してきた自分たちを貶《おとし》めたり、侮辱したりすることが書かれているにちがいない」という前提（妄想）から始まって、そこから架空の事実（この著者は安倍政権が保守だという誤った理解をしている）をつくり出し、そのオルタナティブな（もうひとつの）世界のなかで、えんえんと自説を論じているのです。──念のためにいっておくと、『朝日ぎらい』は「朝日新聞が嫌われるのには理由がある」ということを書いた本です。

それからこの奇妙な体験がずっと心の片隅に引っかかっていたのですが、「世界はディープステイト（闇の政府）に支配されていて、トランプはそれと戦っている」というQアノンの陰謀論を取材したアメリカのジャーナリストの本（ウィル・ソマー『Qアノンの正体　陰謀論が世界を揺るがす』〈西川美樹訳／秦正樹解説／河出書房新社〉、マイク・ロスチャイルド『陰謀論はなぜ生まれるのか　Qアノンとソーシャルメディア』〈烏谷昌幸《からすだにのぼり》、昇亜美子訳／慶應義塾大学出版会〉）を読んでいて、（私の体験とはスケールがぜんぜんちがいますが）彼らがまったく同じ不気味さにとらわれていることに気づきました。

同じ事実を共有していて、間違った論理を信じているのなら、正しい論理で説得することは可能でしょう。しかし、異なる事実の世界を生きているひとに対しては、どのような説得も不可能です。

自分が生きている世界が幻想だ（なんの意味もない）という〝ファクト〟を受け入れたら、生きている意味は消失し、アイデンティティは崩壊してしまうでしょう。これはとてつもない恐怖なので、どんなことをしてでもオルタナティブな事実（ファクト）にしがみつくしかないのです。アメリカはもちろん日本にも、あなたとはちがう世界（オルタナティブワールド）を生きているひとたちが、あなたが思っている以上にたくさんいるのです。

「DD」はアイドルオタクのあいだで使われるネットスラングで、複数の「推《お》し」がいる「だれでも大好き」をいい、特定のアイドルを推すことと比較されます。「誰推し？」と訊《き》かれて「わたしはDD」と答えるのでしょう。

ところがその後、「DD」はネット上の議論に転用されます。こちらは「どっちもどっち」の略で、双方に言い分があるという立場です。それに対して、「わたしが正義」だと主張し、悪を〝糾弾〟する立場を「善悪二元論」と呼びましょう。

善悪二元論の原理主義者は、自分たちの側（正義）に立つのか、それとも相手（悪）を擁護するのか、旗幟《きし》を鮮明にするようDD派に迫ります。それに対してDD派は、「世の中、そんな単純なことばかりじゃないんだよ」と反論するでしょう。

ささいな日常の諍《いさか》いから国家間の戦争まで、なんらかのトラブルが起きると、わたしたちは無意識のうちに善と悪を決めようとします。その理由は、脳がきわめて大きなエネルギーを消費する臓器だということから説明できるでしょう。人類の歴史の大半を占める狩猟採集時代には、食料はきわめて貴重だったので、脳はできるだけ資源を節約するように進化したはずです。

脳を活動させると大きなエネルギーコストがかかりますが、瞬時にものごとを判断すれば最小限のコストで済みます。こうしてわたしたちは、面倒な思考を「不快」と感じ、直観的な思考に「快感」を覚えるようになりました。これが、すべての対立を善悪二元論に還元して判断することが〝デフォルト〟になった進化的な理由です。

ここでQアノンを、演繹《えんえき》と帰納《きのう》で説明してみましょう。中学校で習ったように、演繹法とは「一般的・普遍的な前提から個別的・特殊的な結論を得る論理的推論」と定義されます。公理(論証抜きで真だと仮定される根本命題)が決まれば、そこから論理的にさまざまな定理を導き出すことができます。

それに対して帰納法は、演繹とは逆に、「個別的・特殊的な事例から一般的・普遍的な法則を導く論理的推論」のことです。そのため帰納法では、「真理」には到達できず、さまざまな推論のなかからより確からしいものを選ぶことができるだけです。

演繹と帰納は科学を進歩させる両輪ですが、脳にとっては演繹の方が認知資源のコストが低く、帰納の方がコストが高く感じられるでしょう。帰納法では、最初にたくさんのデータを集め、そのデータをもっともうまく説明する理論を試行錯誤で探していかなくてはなりません。それに対して演繹法では、ひとたび公理を決めてしまえば、それ以外はすべて論理的に決まるのです。

キリスト教では聖書の記述から「太陽は地球の周りを回っている」と解釈してきたので、天動説がずっと公理でした。そこから演繹的にさまざまな法則（定理）を導き出してきたのですが、16世紀になって天体の観測が進むと、天動説では説明できない現象が次々と見つかります。たとえば火星は、速度が上がったり落ちたり、ときには逆戻りしたりしていたのです。

そこで天文学者は、この矛盾を説明するために四苦八苦し、多くの難解な修正を加えるのですが、やがてコペルニクスが大胆にも太陽中心説を唱え、ケプラーとニュートンが、太陽を中心に惑星が楕円軌道を描いていると仮定することで、すべての矛盾がきれいに解消できることを証明したのです。

このように科学では、演繹法は個々の事実によって検証され、整合性のない公理（仮定）は捨て去られていきます。ところが陰謀論では、自分にとって都合のいい公理（真理）を最初に設定すると、それを証明する（ように見える）〝事実〟だけを集めて別の現実をつくり出していきます。この「もうひとつの世界」を構成するのが、「オルタナティブファクト（もうひとつの事実）」です。

Qアノンの陰謀論では、「世界はディープステイトに支配されている」という公理がまず先にあって、政治家や高官のなにげない発言や政治的にささいな出来事から「隠されたメッセージ」を読み取ろうとします。これがワクチン陰謀論と結びつくと、「ワクチンにはマイクロチップが入っていて、ひとびとを操ろうとしている」という荒唐無稽な〝事実〟が演繹的に導かれてしまうのです。

人間（脳）は、その構造上、自分を中心に世界を理解するしかありません。ここから、「特別な自分には、特別なことが起きて当たり前」という錯覚が生じ、当たるはずのない宝くじを買ったり、ネット詐欺に簡単にだまされたりします。

この錯覚は、「自分が特別でないのは、誰かがそれを邪魔しているからだ」という方向に歪《ゆが》んでいくこともよくあります。こうなると、身近な人間を攻撃したり、アニメ会社に火をつけたり、陰謀論にはまったりするようになるのです。

近年になって陰謀論が目立つようになったひとつの理由は、世界がますます複雑になり、ひとびとの多様な価値観（アイデンティティ）が衝突するようになったからでしょう。

もうひとつは、あまり大きな声ではいえませんが、事実に基づいて世界を帰納的に構築していくだけの認知的な能力のあるひとが一定数しかいないからです。その結果、多くのひとが「自分にとっての（安易な）真実」を発見し、そこから演繹的に構築した世界観をSNSで拡散させることで、社会が混乱していくのです。

本書では、このような視点から日本と世界のさまざまな出来事を論じました。共通しているのは、「善」と「悪」は単純に決められず、あらゆるものごとが次第に「DD（どっちもどっち）」的になっていくことです。

ＤＤ派は「冷笑系」とも呼ばれ、ネットではつねに「態度をはっきりさせろ」と批判されますが、世界は単純な善悪二元論でできているわけではありません。対立する当事者はいずれも、自分が「善」だと主張するのですから、第三者に善悪を簡単に判断できるようなことが例外なのです。ところが、複雑なものごとを複雑なまま理解するという認知的な負荷に耐えられないひとは、このことを頑として認めようとしません。

さらに〝不都合な事実〟は、「解決できる問題はすでに解決している」ということです。わたしたちが対処しなくてはならないのは、解決がものすごく難しいか、原理的に解決が困難な問題ばかりなのです。

しかしその一方で、すべてをＤＤ化（相対化）してしまうと、よって立つ基盤がなくなり、社会が液状化してしまいます。なにが正しいのかわからないような世界は不安で、ほとんどのひとは生きていくことができないでしょう。

このようにしてわたしたちは、ＤＤと善悪二元論のあいだを振り子のように往復することになります。「Part0　ＤＤと善悪二元論　ウクライナ、ガザ、ヒロシマ」では、２つの世界的な大事件（ロシア・ウクライナ戦争とイスラエル・ハマス戦争）でこのことを確認したうえで、日本社会の最大のタブーである「犠牲者意識ナショナリズムとしてのヒロシマ」を論じてみたいと思います。

目次

Part 1 「正しさ」って何？ リベラル化する社会の混乱

Part 2 善悪を決められない事件

Part 3 よりよい社会/よりよい未来を目指して

Part 4
「正義」の名を騙《かた》る者たち

*PartⅡ以降の文中の肩書・呼称・年齢・名称などは、基本的にコラム連載当時のものです。

Part 0

DDと善悪二元論
ウクライナ、ガザ、ヒロシマ

２０２４年アカデミー賞で作品賞、監督賞、主演男優賞など7冠に輝いた映画『オッペンハイマー』は、アメリカの原子爆弾開発プロジェクト「マンハッタン計画」のリーダーとして「原爆の父」と呼ばれながらも、第二次世界大戦後は水爆開発に反対してスパイの疑いをかけられ、公職を追われた理論物理学者ロバート・オッペンハイマーの生涯を描いた話題作です。

この作品はアメリカで23年7月に公開されたものの、日本では配給が決まらず、8カ月遅れの24年3月にようやく公開されることになりました。配給会社や映画館側が、右翼などによる抗議行動を懸念したからだとされます。

過去にも「反日」のレッテルを貼られた作品の上映中止運動が起きたり、映画館前に右翼の街宣車が押しかけたりするケースがありました。日本人にとって被爆体験は現在でもきわめてセンシティブで、公開に二の足を踏む事情もわかります。これはアメリカも同じで、原爆のタブーにあえて踏み込んだからこそ高い評価を得たのでしょう。

『オッペンハイマー』は、作品中に被爆地の描写がないことを一部のメディアや識者から批判されましたが、ここではその是非を論じようとは思いません。本章の目的は、時代も場所もちがう「海の向こうの出来事」から話を始め、日本人にとって聖なる「犠牲の物語」である原爆体験を別の視点で考えてみることです。

なぜ外国のことを取り上げるのか。その理由は、自分に直接関係のないことは冷静に分析できるからです。そのうえで鏡を見ると、自分もまた同じ姿であることがわかるはずです。

ウクライナの「正義」のゆらぎ

２０２２年２月に始まったロシアによるウクライナ侵攻は、現在の国際社会ではとうてい許されない一方的な侵略行為で、ロシアが「悪（加害者）」で、ウクライナが「善（犠牲者）」であることは明白です。第二次世界大戦の惨禍を経て、いかなる理由でも武力によって国家の主権を侵害してはならず、国境の変更は平和的な協議によるものしか認めないという合意ができました。ところがロシアは、この「神聖な掟」を踏みにじり、主権国家であるウクライナを破壊しようとしたのですから、とてつもない蛮行というほかありません。欧米などが即座にロシアへの経済制裁とウクライナへの大規模な軍事支援を決めたのも当然です。

それに対してロシア大統領のウラジミル・プーチンは、「ウクライナはそもそも〝国家〟ではない」という奇妙な反論をしました。ロシアのルーツは９世紀後半に現在のウクライナに成立した「ルーシ（キエフ大公国）」なのだから、ロシア・ウクライナ・ベラルーシはひとつの民族国家（大ロシア）であり、１９９１年のソ連解体でウクライナが主権国家になったこと自体が間違いだったというのです。

ウクライナは国連加盟国ですから、もちろんこのような荒唐無稽な主張が認められるわけはありません。国家の成立にはさまざまな歴史的経緯があり、大国がそれを自分の都合のいいように解釈できるなら、世界各地で武力紛争が勃発する大混乱になってしまいます。

しかしその後、この明快な善悪二元論は壁にぶつかります。その理由はいくつか挙げられるでしょう。

① ロシアは核保有国であり、NATO（北大西洋条約機構：アメリカ・カナダと欧州32カ国の集団防衛のための軍事同盟）が参戦すればロシアが核で反撃し、世界最終戦争になってしまう。そのため欧米はウクライナに国土防衛のための武器は供与しても、ロシア国内への攻撃を事実上禁じている。

② ロシアは石油・ガスなどの資源国で、経済制裁が資源価格を高騰させ、各国で物価上昇を引き起こした。経済的に脆弱な国や、中国やインドのように欧米中心の世界秩序から距離を置いている国は、ロシアから安い価格でエネルギーを輸入しようとするため、経済制裁の効果がなくなった。

③ 欧米の植民地政策によって一方的に国境を決められたアフリカや中東などの国々は、欧米が声高に唱える「正義」にあまり関心がない。表向きはロシアの侵略を批判するものの、コストを払ってまで経済制裁に参加しようとは思わない。

④ 経済制裁による物価の上昇がヨーロッパ諸国の低所得者層の生活を直撃したことで、リベラルな国ですら右派ポピュリズムが台頭し政権が動揺した。アメリカでは共和党を中心に、ウクライナへの巨額の支援を見直し、税は国民のために使うべきだとの運動が起きた（共和

党の大統領候補であるドナルド・トランプは、当選したらただちにウクライナへの支援を停止すると発言した）。

その結果、欧州の世論調査では「両国の和解で解決すべきだ」が多数を占めるようになり、「ロシアがウクライナから完全撤退し、加害（ウクライナの戦争被害）に対して賠償するまで戦う」という当初の〝正義〟が大きく揺らいでいます。原理主義（善悪二元論）がＤＤ化しはじめたのです。

あちら側の事情

善悪二元論は自分たちが「正義」を独占し、相手に「絶対悪」のレッテルを貼る思考法です。この論理はきわめて強力ですが、相手が「悪」であることを認めないと（ほとんどの場合は認めないでしょう）話し合いの余地がなくなってしまいます。

ウクライナとロシアの停戦交渉を仲介するには、ロシア側の事情にも配慮せざるを得ません。これが、ウクライナがロシアとの交渉を拒否している理由で、日本でも「ロシア側にも配慮しなければ戦争は終わらないのではないか」というＤＤな発言はネットなどではげしく批判され、炎上しました。

リベラリズムの原則は、つねに相手の立場で考えることです。それにもかかわらず、ロシアがウクライナに侵攻した理由は「〝独裁者〟プーチンの狂気」とされ、それ以外の事情を議論することは不謹慎とされました。

この沈黙を打ち破ったのがロシア帝国史を専門とする松里公孝《まつざときみたか》さん（東京大学大学院法学政治学研究科教授）で、２０１４年と17年に研究者としては（おそらく）世界で唯一、ロシアの実効支配下にあるウクライナ東部のドネツク人民共和国に入境し、砲撃のなかで政権幹部にインタビューするなどして、その成果を『ウクライナ動乱　ソ連解体から露ウ戦争まで』（ちくま新書）にまとめました。この労作によって、わたしたちははじめて「あちら側の事情」を知ることができたのです（以下、用語は松里さんに従います）。

ウクライナは東西に長い多民族国家で、ポーランドやスロヴァキア、ハンガリーなどと接する西部は第一次世界大戦以前はオーストリア・ハンガリー帝国の統治下にあり、住民たちは自分たちを西欧社会に属していると考え、強い反ロシア感情をもっています。それに対して黒海に面したクリミアやロシアと接する東部のドンバス地方（ドネツク州とルガンスク州）はロシア系住民が多く、日常語はウクライナ語ではなくロシア語です。

１９９１年にソ連から分離・独立すると、ウクライナではナショナリズム（民族主義）が高揚し、歴史の見直しやウクライナ語の公用語化が進められました。国民国家を築くには避けられない道ですが、しかしそうなると東部のロシア系住民は、自分たちが「二級市民」として扱われているとの不満を募らせるようになります。独立後のウクライナは、この「東西の対立」に翻弄されることになったのです。

大きな分岐点は２０１３年11月に始まったユーロマイダン革命で、ドネツク州出身でウクライナの連邦化（ロシア系住民の自治）を求める地域党を支持基盤とするヴィクトル・ヤヌコヴィチ大統領がＥＵ（ヨーロッパ連合）との統合交渉を遅らせたとして、一部の市民（松里さんによれば「ＥＵに入りさえすれば経済は繁栄し、国家は効率化し、汚職もなくなる」と固く信じる一定の階層）が独立広場（マイダン）で座り込みを始めます。

抗議行動は年が明けても続き、翌14年２月20日に３０００人のマイダン派の隊列が銃撃され、多数（ウォロディミル・ゼレンスキー政権の再調査で47人）が死亡する事件が起きます。これをきっかけにウクライナ社会は大混乱に陥り、政権は崩壊し、ヤヌコヴィチはロシアに逃亡するのですが、誰が銃撃したかはいまだに謎に包まれています。

公式の説明は「警察隊の銃撃によりデモ隊から死者・負傷者が出た」というものですが、「マイダン側が管理していた建物から、第三者部隊が、デモ参加者、警官を無差別に撃った」という「自作自演」説も根強く唱えられています。疑惑を深めるのは、革命派の議会が事件の翌日に恩赦法を採択し、それに基づいてインターネット上にあふれていた事件現場のビデオ映像を消去し、銃弾を受けた盾やヘルメットを処分、犠牲者の司法解剖結果の一部までが破棄されたことです（革命後に成立したユーロマイダン政権が、事件現場の街路樹を伐採させ、幼木に植え替えたことで、弾道分析できる弾痕を見つけることもできなくなりました）。

2017年には、グルジア（ジョージア）の元軍人・特務機関員がインターネットメディアで、1000ドルの前金、5000ドルの成功報酬で、偽造パスポートでウクライナに入国し、「カオスを起こすために誰でも無差別に撃てと命じられた」と証言しました。

こうした情報はユーロマイダン革命に不信感をもつロシア系住民にまたたく間に広まり、「このままでは自分たちは差別され、排除されてしまう」という不安が急速に高まりました。これがロシアによるクリミア併合やドンバス戦争の背景です。

クリミア併合の満足度は8割

2014年5月2日に、南部の海港都市オデサでマイダン派と反マイダン派が衝突しました。約380人の反マイダン派は労働組合会館に立てこもり、そこにマイダン派が火炎瓶を投げ込んだことで建物が炎上、40人以上が逃げ遅れて焼死・窒息死する大惨事になりました。

このときマイダン派のなかには、炎上する建物から被災者を救出しようとする者もいましたが、次のような光景も見られたといいます。

別のマイダン活動家は、窓から逃げようとした反マイダン派に向かって発砲し、外に逃げ出した反マイダン活動家をリンチにかけた。これら暴力的マイダン派は顔を隠してさえいなかったので、行為の多くが顔出しで録画されているが、その後、一人も逮捕・起訴されていない（松里公孝『ウクライナ動乱』）。

労働組合放火事件のあと、クリミアやドンバスのロシア系住民のあいだで、「革命政権とはとうてい一緒にやっていけない」という分離主義が勢いを増します。とはいえ松里さんは、クリミアとドンバスではかなり事情が異なるといいます。

黒海北岸の重要な港で「諸帝国の真珠」とうたわれたクリミアは、歴史的にはオスマン帝国の庇護《ひご》下にあるクリミア・ハン国の領土で、住民の多くはムスリム（イスラーム信者）のクリミア・タタール人でした。ところが第二次世界大戦後、占領中にドイツ軍に協力したとしてスターリンがタタール人などを強制移住させ、その代わりにロシア人とウクライナ人が移住してきたのです。

これによってクリミアはロシア（正式にはロシア・ソヴェト連邦社会主義共和国）に帰属することになりましたが、スターリンの死去によって共産党第一書記になったニキータ・フルシチョフが、１９５４年にクリミアの行政上の帰属をウクライナ・ソヴェト社会主義共和国に移す決定をします。フルシチョフが第一書記に就任するにあたって、ウクライナ共産党の支持を得るために密約を結んだともいわれていますが、いずれにせよこうした歴史的経緯を見れば、クリミアがウクライナの管轄下にあったのはせいぜい60年で「固有の領土」というのは無理があります。

ロシア系住民が多数派を占めるクリミアでは、マイダン革命の翌３月に住民投票が行なわれ、

96・8％が「ロシアに連邦構成主体として参加」を支持し、それを受けてプーチンがクリミアをロシアに併合しました。この国境変更でクリミアは欧米の制裁対象になり、国外資産の凍結や金融取引の（クリミア域内での）制限などが科せられましたが、併合の4年後のサッカー・ワールドカップは予定どおりロシアで開かれました。欧米はクリミア併合をソ連解体にともなう混乱の一部と見なし、建前では批判しながらも、ロシアとの経済関係をこれまでどおり続けるというDD的な対応をとったのです。

アメリカの大学と民間調査会社が2019年にクリミアで行なった世論調査では、「2年後にあなたの生活は良くなっていると思いますか」の質問に対して、ロシア系の71％、ウクライナ系の72％弱、クリミア・タタールの81％が「良くなる」と回答しました。この調査で興味深いのは、分離独立に懐疑的だったウクライナ系やクリミア・タタールの方が、ロシアとの併合を主導したロシア系住民より満足度が高かったことです。この結果について松里さんは、併合直後のロシア系の期待感が高すぎで「多幸症」ともいうべき状況だったからと説明していますが、住民の多くが併合を支持していたことは確かでしょう。

ロシアへの併合後、新空港やロシアとクリミアを結ぶ橋の建設などのインフラ投資、（ロシア国内からの）観光客の増加などによってクリミアは好景気に沸き、ウクライナ時代よりも明らかに生活はゆたかになりました。実は私は、ワールドカップ観戦に合わせて2018年にクリミアを訪れていますが、そのときに見たセヴァストポリの賑わいや、観光地を案内してくれたロシア系女性の話とも、この世論調査の結果は合致しています。

ドンバスをウクライナに押し戻す

ロシアによる併合後に大規模な投資が行なわれ、インフラが整備され治安もよくなったクリミアは、外国人でも（その気になれば）観光できますが、２０１４年以降、ウクライナとの戦争状態に陥ったドンバスについては、これまで何が起きているかわかりませんでした。その意味でも、内戦下のドンバスを自ら調査した松里さんの仕事は世界的にもきわめて価値のあるものでしょう。

ドンバスは「ドネツ川流域」あるいは「ドネツ炭田」のことで、南北に長いドネツク州の中部は炭鉱と石炭産業で知られますが、北部には機械産業が集まり、アゾフ海に面した南部は製鉄・冶金《やきん》が盛んで、文化も政治的傾向も異なるといいます（ソ連時代の巨大な製鉄所で、ウクライナの民兵組織が立てこもり、ロシア軍の猛攻で廃墟と化したアゾフスタリは南部の港湾都市マリウポリにあります）。

マイダン革命後、州議会を占拠してウクライナからの分離を実力行使で認めさせ、ドネツク人民共和国を設立したのは中部のロシア系住民たちでした。しかしここからの流れは、ロシアへの併合があっさり決まったクリミアとはかなり異なります。

２０１４年の４月から５月にかけて、マイダン政権側は大統領選挙を行なって自らを正統化しようとし、それに対してドネツク人民共和国は同じ時期に住民投票を行ない、分離独立を正統化しようとしました。このときプーチンは、ウクライナ大統領選挙の実施を認める一方で、ドネツク人民共和国には住民投票の延期を求めました。

松里さんはこれを、プーチンにはそもそもドンバスを併合するつもりがなかったからだと説明します。

ロシアがクリミアとセヴァストポリ市を併合しただけなら、約二〇〇万票の親露票がウクライナから消えるだけである。しかし、クリミアに加えて、三〇〇万票から五〇〇〇万票のドンバスの親露票（人民共和国の実効支配領域の広さによって増減）がウクライナから消えたとすれば、ウクライナ大統領選挙ではウクライナのNATO早期加盟を掲げるような候補しか勝てなくなる。

したがって、「クリミアはとったがドンバスはウクライナに押し戻す」というのが、ロシア指導部にとって最も旨味のある政策だったのである（松里公孝『ウクライナ動乱』）。

ロシアがドンバスを併合する気がないのに、なぜ内戦が激化したのでしょうか。それはウクライナ側が国民衛兵隊法を採択して、マイダン革命を主導した民族主義の武装集団を内務省軍に併合してドンバス地方に送り込んだからで、その理由は「右翼がドンバスに行って死んでくれれば第二革命の危険性も少なくなるので、新政権にとっては一石二鳥だった」からだと松里さんはいいます。

しかしウクライナ軍は訓練不足で前線に送られたため、士気の高いドンバス民兵や、各地を転戦してきた強者《つわもの》であるロシア義勇兵から「ウクライナ兵はまるで蚊のようだった」と評されることになります。次の指摘は重要なのでそのまま引用しましょう。

戦闘で劣勢なウクライナ武装勢力は、自分たちが優位にある火砲に頼り、しかも銃後の民間家屋、民間施設を狙うようになった。当然、戦時国際法は無視することになる。早くも二〇一四年初夏、のちにプーチンに対ウ開戦の口実を与える非常に良くないウクライナ軍の伝統が形成された。

さらによくないことに、「我々は撃っていません。あれはウクライナの信用を毀損《きそん》するために、人民共和国が自分を撃っているのです」などと宣伝し始めた。これを真に受ける西側の政治家や外交官を私は知らない。しかし、ウクライナに対して、いわゆる民主主義国家も、民主主義を掲げる政党も、何も言ってこなかった（松里公孝『ウクライナ動乱』）。

このようにして、内戦の当初は「どっちもどっち」と考えていたドンバスの住民も、２０１７年８月に松里さんが訪れたときには、自分たちを一方的な被害者だと感じるようになっていたといいます。

なお、アカデミー賞長編ドキュメンタリー賞を受賞した『マリウポリの20日間』で描かれたように、マリウポリに侵攻したロシア軍は病院施設などを砲撃して多数の死傷者を出し、その映像が世界に配信されて批判されると、「あれはウクライナの自作自演だ」と主張しました。

2017年のドンバスは「天国」だった？

プーチンにはもともとドンバスを併合する気がなかったとしたら、なぜ介入を強めることになったのでしょうか。それはウクライナ軍が攻勢に転じ、ドネツクとルガンスクが存亡の危機に立たされたからだと松里さんはいいます。ロシア指導部は、「人民共和国が滅びない程度には助けるが、人民共和国がウクライナを軍事的に追い詰めたり、分離独立を主張したりするところまでは助けない」という妥協点を選んだのです。

そこでプーチンは、援助の代償としてドンバスの人民共和国に次の3点を要求しました。

① 急進派を指導部から排除すること。
② ロシアへの編入は諦め、最終的にはウクライナに戻ること。
③ 社会革命を目指さず、地政学的運動（親露運動）に矮小化すること。

このうち「急進派」というのは、「ドンバス戦争の目的はウクライナ全土を「ウクライナというプロジェクト」から解放することだ」と公言する極端なロシア民族主義者で、「社会革命」というのは、（あまり指摘されませんが）ドンバスの人民共和国の政権中枢にいるのが共産党員で、地域経済を支配する大富豪の資産・生産施設を接収するような極端な左派の政策を掲げていたことです。現実主義者のプーチンは、右と左の極論を排除しようとしたのです。

その後、ドイツとフランスの仲介で、ロシアとウクライナはミンスク合意を結びますが、東部の親露地域に「特別な地位」を与える恒久法を求める一方で、ウクライナからの外国部隊の撤退やウクライナ政府による国境管理の回復で合意するなど、「ドンバスをウクライナに押し戻す」というプーチンの狙いどおりの内容になっています。

この合意のあと、ロシアの援助によってドンバスの経済は安定し、公共料金や家賃が高騰するウクライナよりも市民の生活水準は高くなりました。２０１７年に松里さんがドネツク市を訪れたときには、「中心通りはブティックで彩られ、レストランやカフェは歩道に所狭しとテーブルを置き、市民は短い夏の夜を楽しんで」いました。夜の公園では少年少女がスケートボードで遊んでおり、ドンバス市民は「戦争さえなければ、私たちは天国に住んでいただろう」といっていました。

ではなぜ、この「つかの間の平和」が崩壊し、戦争が始まったのでしょうか。松里さんは、２０２０年９月にアゼルバイジャンがアルメニアに実効支配されていたナゴルノ＝カラバフを軍事的に奪還したことが契機になったといいます。これを見てゼレンスキー政権は、「分離紛争は軍事的に解決できる（これは正しい）」「バイラクタール（無人機）とドローンがあれば戦車や榴弾砲に勝てる（これは誤り）」と考えるようになり、21年3月以降、ドンバス二共和国（ドネツク人民共和国とルガンスク人民共和国）の国境線上に兵力を結集、これに対してロシアはウクライナの南北国境線上に兵力を集め、「非対称な睨み合い」が始まったというのです。

この分析が正しいのか私には判断できませんが、プーチンの当初の意図に反して、ロシアがドンバス内戦の泥沼にはまり込んでいったことは間違いないでしょう。ウクライナ側も、ロシア・ドンバス側も、相手がミンスク合意を誠実に履行するとはまったく信じていない以上、あやうい均衡状態が破綻するのは時間の問題だったのです。

しかしそうなると、さらなる疑問は、プーチンがなぜ無謀な先制攻撃に打って出たのかです。

ウクライナがなくなればウクライナ問題もなくなる

アゼルバイジャンの成功を見て、ウクライナ政権がドンバスの武力解放を目指したという松里さんの説が正しいとしたら、プーチンにとってもっとも都合がいいのは、先にウクライナにドンバスを攻撃させ、ミンスク合意違反を理由にウクライナに侵攻することです。これなら国際社会も、現在のような「ウクライナ＝善／ロシア＝悪」というシンプルな善悪二元論で一致することはなかったでしょう。

開戦の3日前に、プーチンは政権首脳部を集めて安全保障会議をテレビで生中継し、二共和国の承認を一方的に決めますが、元大統領・首相のドミトリー・メドヴェジェフですら戦争については「想像だにしていないことは一目瞭然である」と松里さんはいいます。政府高官がいっさい知らないところで、プーチンと一部のロシア軍幹部とのあいだで開戦が決められたのです。

プーチンは対ウクライナ戦争の目的を「ロシアの安全保障上の脅威除去（NATO拡大の阻止）」「ドンバス住民の救済」「ロシア語系住民の保護」「ウクライナの脱ナチ化」と説明しましたが、実際には戦争によって目的が達成できるどころか、状況は取り返しのつかないほど悪化しました。

ウクライナ侵攻によって、これまで中立だったフィンランドとスウェーデンがNATOに加盟し、プーチンの思惑とは逆にNATOの拡大は加速しています。ドンバスの住民を救済するどころか民間犠牲者は増大し、ドンバス以外でもロシア語系住民は「敵性国民」と見なされることになりました。さらに、ウクライナを民主化するどころか、「まさにこの戦争によって、ウクライナ政治における右派民族主義者の地位は揺るぎないものになり、野党は撲滅され、（ロシア寄りの）ウクライナ正教会は激しい抑圧を受けている」のです。国家首脳の政治的判断のなかでも、これほどの大失態はめったに見られないという惨状です。

開戦前夜、ロシア軍総司令部内で、ドンバスに兵力を集中すべきか、ウクライナ全土に軍を展開し、首都キエフを急襲すべきかで激しい論争が交わされました。この時点でも作戦が決まっていないことも驚きですが、松里さんは、ドネツク州の西部や北部にウクライナがつくり上げた要塞都市をひとつひとつ攻略していくのはじつは難易度が高く、将軍たちにとってはキエフ急襲の方がより容易に見えたのではないかといいます。

軍幹部は、ウクライナ軍は本気で抵抗せず、ロシア軍のちからを誇示すれば最初の3日で降伏すると楽観視し、それをプーチンは信じたようです。しかし現実には、ウクライナ軍ははりぼてのようなロシア軍にはげしく反撃します。こうして当初の「作戦」が根底から覆されたことで、戦争の目的がウクライナの体制変更からドンバスに立てこもっての領土獲得へと大きく変わり、なんとか態勢を立て直して膠着状態にもちこんだというのがロシアの現状です。

以下は私見ですが、ロシアがウクライナとの国境に軍を進めて威嚇した時点で、ゼレンスキーにはドンバスへの武力攻撃をする理由は（たとえそのような意図があったとしても）なくなりました。いったん開戦すればウクライナに大きな被害が生じるのは間違いなく、ウクライナ国民の多くはロシアとの戦争を望んでいないのですから、ロシアに侵略の口実を与えるようなことをすればそれこそ政権は崩壊してしまうでしょう。

しかしそうなると、プーチンはいつまでたっても振り上げた拳を下ろすことができなくなってしまいます。そしてこの不快な状況に耐えられなくなったとき、ウクライナ問題の「最終解決」の誘惑にあらがうことができなくなったのではないでしょうか。「ウクライナがなくなればウクライナ問題もなくなる」のですから。

国際社会の「正義」が戦争を泥沼化させる

ＤＤ的状況だったウクライナ問題はプーチンの失態によって善悪二元論の原理主義的状況に変わりましたが、戦況が膠着したことでふたたびＤＤ化しはじめています。それには先に挙げたような理由があるわけですが、もうひとつ、欧米の望みどおりウクライナが勝利し、ドンバスやクリミアを奪還したとしても、戦後処理の方途がないという問題があります。

これほど血みどろの殺し合いをしたあとで、ウクライナがロシア語系住民を「包摂」し、ともにひとつの国をつくっていくために信頼し合うのはほぼ不可能でしょう（松里さんも「十年戦争とおびただしい流血で独特の政治空間となった両人民共和国を、どうやって同化するのか、ちょっと想像がつかない」と書いています）。

さらに国際社会（リベラル）が求めるように、「加害国」であるロシアが「被害国」であるウクライナに謝罪し、民間人の生命やインフラ・生産設備に与えた莫大な損害を賠償するとなると、その見込みは絶望的というしかありません。仮にプーチンが死んだとしても、ロシアに「悪」のレッテルを貼り、戦争責任と巨額の賠償を求めるかぎり、代わりに登場するのはより民族主義的な極右政治家でしょう。そうなれば、ウクライナに平和が訪れるのではなく、新たな戦争のリスクが高まってしまいます。

だとしたら、ドンバス地方についてもクリミアと同じく、ロシアの実効支配を事実上容認するかたちで休戦にもちこむしかなさそうです。いわば朝鮮戦争方式で、両国が名目上は戦争を継続したまま、現状を国境として棲《す》み分けるのです。

もちろんこれでは、一方的に侵略されたウクライナは納得できないでしょうが、休戦と同時に欧米が大規模な経済援助を行なうことを約束し、10年後、あるいは20年後には西欧並みのゆたかさが手に入るという希望をひとびとがもてるようにします。これは荒唐無稽な話ではなく、いまだに世界の最貧国に沈んだままの北朝鮮に対して、韓国はいまや世界でもっともゆたかな国のひとつです。ウクライナが繁栄すればするほど、ロシアに実効支配された地域の住民たちは、こんどはウクライナへの併合を求めるようになるでしょう。――私はこのことを23年6月に提案しましたが、最近になってNATO事務総長などが、第二次世界大戦後にナチス・ドイツを西ドイツと東ドイツに分離したように、ウクライナをロシア領（ドンバス）とそれ以外に分離し、「西ウクライナ」のみをNATOに加盟させ、復興を支援してEU加盟を目指すという停戦交渉を提案しています。

松里さんは、西部ウクライナにおいても「ロシアに親近感をもちウクライナ国家に敵対的な地域」を重荷に感じ、「ドンバスもクリミアもないウクライナ」を支持する住民は多いものの、「心では思っていても口には出せないものになってしまった」といいます。プーチンはドンバスをウクライナに押し戻そうとし、ウクライナは（本音では）ドンバスを切り捨てたいと思いながらも、現実には、ロシアはドンバスを死守し、ウクライナは膨大な犠牲を払って領土を取り戻そうとしているのです。

なぜこんなことになってしまったのか。これについて松里さんは、「国境線を変えられては困る欧米や国際機関が、援助を梃子《てこ》にウクライナを「励まして」、強硬姿勢に戻したと思う」と書いています。世界には紛争を抱えている地域が数多くあり、武力によって国境を変える前例をひとつでもつくれば、国際秩序が崩壊すると恐れているというのです。国際社会の「正義」によって、戦争は終わりの見えない泥沼にはまりこんでしまったのです。

ロシア・ウクライナ戦争は、一見シンプルな構図に見えても、実際にはＤＤと善悪二元論が複雑にからみあっていました。そこで次に、現代世界でもっともやっかいな問題であるイスラエル・パレスチナ問題を見てみましょう。

ＤＤから善悪二元論へ

２０２３年10月7日、イスラームの武装組織ハマスがパレスチナ自治区ガザから大規模な襲撃を行ない、２０００人あまりの戦闘員がイスラエルの軍事施設やパーティ会場、キブツ（農業共同体）などを襲い、子どもを含む民間人ら約１２００人を殺害、イスラエル市民や外国人観光客など２５０人以上の人質をガザに連れ去りました。

このテロに対してイスラエルのベンヤミン・ネタニヤフ政権は、ガザ地区の電気・食料・燃料の補給経路を断つ「完全封鎖」を行ない、高層住宅、大学、モスクなど「ハマスの拠点」と見なした建物を空爆、ハマスを掃討し人質を取り戻すために大規模な地上部隊を投入しました。ガザ地区には福岡市とほぼ同じ面積に200万人以上のパレスチナ人が暮らしていますが、この軍事作戦によって深刻な人道危機が生じ、乳幼児や子どもを含む3万人以上が死亡したとされます。

ガザの惨状が連日、ネットニュースやSNSに投稿され拡散すると、国連のグテーレス事務総長はイスラエルに停戦を求め、国連安全保障理事会ではガザ地区の即時停戦を求める決議案が投票にかけられました（24年2月の決議案は、理事国15カ国のうち日本を含む13カ国が賛成したものの、アメリカが拒否権を行使して否決。イギリスは棄権）。

さらに南アフリカが、人道犯罪や戦争犯罪を裁く国連の機関・国際司法裁判所（ICJ）に対し、ガザ地区でイスラエルが「ジェノサイド（大量虐殺）」を行なっていると提訴し、ICJはイスラエルに（ジェノサイドの認定をしたわけではないものの）「ジェノサイド及びその扇動」を防ぐための対策をとるよう暫定措置命令を出しました。そのICJは5月24日にも、ガザ地区での人道状況は悪化の一途をたどっているとして、イスラエルに対してガザ南部のラファ地区への攻撃をただちに停止するよう命じました。

また5月20日には、国内の刑事司法制度を補完し、国際法に違反する戦争犯罪などを訴追・処罰する国際刑事裁判所（ICC）の主任検察官が、イスラエルのネタニヤフ首相とヨアヴ・ガラント国防相、ハマスの最高指導者イスマーイール・ハニーヤとガザ地区トップのヤヒア・シンワルの逮捕状をICCの予審裁判部に請求したと発表しました。——ICCはプーチンに戦争犯罪で逮捕状を出し、欧米諸国もこの措置を認めていますから、ＩＣＣがネタニヤフに同じ逮捕状を出した場合、それを批判することは困難でしょう。

残虐なテロに襲われたイスラエルが「善（被害者）」、テロ組織であるハマスが「悪（加害者）」として始まったこの紛争は、イスラエルのガザへの攻撃によってＤＤ化し、その後、ガザ市民のコラテラル・ダメージ（副次的被害：戦闘におけるやむを得ない民間人被害）があまりにも大きくなったことで、パレスチナ人が「善（被害者）」、イスラエルが「悪（加害者）」へと立場が逆転したと整理できるでしょう。

しかし、（例によって）問題はそう単純ではありません。多くの人質をガザ地区に拉致したことからわかるように、イスラエル軍にガザ地区を攻撃させ、その「残虐さ」を世界に発信することがハマスの最初からの目的だったことは明らかです。

レバノンにいるハマス幹部は、大規模テロがガザの悲劇を引き起こしたのではないかとの日本人記者の質問に対して、「（ガザの）死者2万人（当時）という代償は問題ではありません。これまで（イスラエルによって）行なわれてきた虐殺や殺害、処刑による犠牲の方がはるかに大きいからです。パレスチナ人の権利が失われることがないと世界に示すために、ハマスはこの行動を起こしたのです」とこたえています（『ハマス幹部、人質解放について「年内に合意できる可能性も」』TBS NEWS DIG 2023年12月20日）。

イスラーム原理主義の武装組織であるハマスは、どれほどパレスチナ人の犠牲が増えても、イスラエル市民を殺傷することを「神の命令」と考えています。だとすれば、ここで徹底的に殲滅《せんめつ》しておかなければ、核兵器や生物兵器、あるいはＡＩを搭載した自律型攻撃兵器を手にしたとき、ハマスはそれを使うことを躊躇《ちゅうちょ》しないだろうというイスラエル市民の不安にはじゅうぶんな根拠があります。——とはいえ、ガザへの容赦ない攻撃がパレスチナ人の憎悪を煽《あお》り、将来のさらなる報復のリスクを高めているわけですが。

ガザ市民の悲劇を救うために、ハマスがイスラエルに本気で停戦を求めるのなら、すくなくとも人質全員を解放すべきでしょう。パレスチナ人＝善、イスラエル＝悪という単純な善悪二元論は、ハマスの責任をあいまいにし、テロを正当化することになってしまうのです。

ドイツとイギリスの「罪」

パレスチナ問題は複雑ですが、単純でもあります。それをひと言で要約するなら、「１９４８年にイスラエルが建国され、土地を奪われたパレスチナ人はそれを侵略と見なした」になります。しかし、そもそもなぜイスラエルという国が生まれたのでしょうか？　その背景には、華やかな西欧近代を覆う２つの黒い影、ナチズムと植民地主義があります。

ユダヤ人が自らの国をもつべきだという運動がシオニズム（シオン＝エルサレムの聖なる丘への帰還）ですが、第二次世界大戦前まではほとんどのユダヤ人が民族国家の創設を非現実的だと見なしていました。たとえ差別されようとも、日々の生活ができるなら、住み慣れた土地で暮らすのがいちばんだと考えていたのです。

この保守的な態度を覆したのがナチスによるホロコーストで、ヨーロッパ人が自分たちを本気で絶滅させようとした現実を突きつけられて、シオニズムに懐疑的だったユダヤ人も避難所（イスラエル）を建国する以外に生き延びる道はないと思い知らされたのです（ホロコーストがなければイスラエル建国もなかったと考える研究者はたくさんいます）。

もうひとつの植民地主義ですが、第一次世界大戦でオスマン帝国が崩壊すると、西欧列強が中東の利権をめぐってはげしく争いました。このときイギリスが行なったのが、悪名高い「三枚舌政策」です。

イギリスはまず、1915年のフサイン＝マクマホン協定で、オスマン帝国と戦うことを条件にアラブ人の独立を承認することを約束します。しかし1917年のバルフォア宣言では、ユダヤ人のシオニストに対して「民族的郷土を建設する」ことを認めました。さらにロシア革命で政権を握ったソ連共産党が、ロシア帝国時代の1916年にイギリスとフランスのあいだで秘密協定が結ばれていたことを暴露します。このサイクス・ピコ協定では、オスマン帝国崩壊後は、イギリスがシリア南部と南メソポタミア（現在のイラクの大半）、フランスが大シリア、アナトリア（トルコのアジア側）南部、イラク北部、ロシアが黒海東南沿岸、ボスポラス海峡、ダーダネルス海峡を勢力範囲とすることになっていました。

第二次世界大戦が終わると、パレスチナを委任統治していたイギリスはユダヤ人とパレスチナ人の紛争を解決できないまま放り出し、中東問題をアメリカに丸投げしてしまいます。

このようにして、ナチスの負の歴史を抱えるドイツはイスラエルがパレスチナ人の人権を侵害しても批判できず、イギリスはアメリカのイスラエル政策に無条件で追従するしかなくなりました。ただし、ガザの人道問題では新しい「二枚舌政策」が採用され、ヨーロッパ諸国の指導者がイスラエルを支持する一方で、「世界の人権の守護者」であるＥＵがイスラエルの過剰な報復を批判しています。

偽史によって正当化された建国

イスラエルの建国がパレスチナ人にとっては侵略であることは、もちろん最初からわかっていました。シオニストのリーダーでイスラエルの初代首相になったダヴィド・ベン＝グリオンは、半ば政界から引退した身でしたが、１９６７年の第三次中東戦争（六日間戦争）で東エルサレム、ヨルダン川西岸、ガザ地区ばかりかエジプトのシナイ半島やシリア領のゴラン高原まで支配することになったとき、占領した土地は（東エルサレムとゴラン高原を除いて）すみやかに返還しなければならず、さもなくばイスラエルは民主国家とユダヤ人国家の両立を果たせなくなると警告しました（イスラエルの現状を見れば、これは恐るべき慧眼《けいがん》です）。

またイスラエル建国当時の高級官僚で、のちに首相になったゴルダ・メイアは、「パレスチナのアラブ人の苦境をナチス占領下におけるヨーロッパのユダヤ人のそれになぞらえていた」といいます（ダニエル・ソカッチ『イスラエル　人類史上最もやっかいな問題』鬼澤忍訳／NHK出版）。

その結果、イスラエルは建国の正統性に苦慮することになります。最初は神とモーセとの「契約（旧約聖書には、パレスチナは神からユダヤ人に与えられた「約束の地」だと書かれている）」を根拠にしましたが、古代エジプトの膨大な行政文書を調べてもユダヤ人が「虜囚」されていたことも、モーセによる「出エジプト」についてもなんの記載もなく、現在ではモーセは架空の存在で、シナイ山での十戒の石板も、ヤハウェ（神）の命令によるカナン（パレスチナ）征服もすべて後世（紀元前586年のバビロン捕囚以降）の創作だと考えられています（シュロモー・サンド『ユダヤ人の起源　歴史はどのように創作されたのか』（高橋武智監訳、佐々木康之・木村高子訳／ちくま学芸文庫）。

そこで次に登場するのが、パレスチナ人よりもユダヤ人の方が優れていて、「精神的・文化的な価値」を考えればイスラエル建国は是認できるという主張でした。これはパレスチナ問題に翻弄されていた時期のイギリスの理屈で、ウィンストン・チャーチルはこう述べています。

「厩《うまや》のイヌが、たとえ長らくそこに寝そべっていたからといって、最終的に厩についての権利をもたないのと同じである」「そのような人間よりも強い民族、高等な民族、あるいは少なくとも（こういってはなんだが）世渡りのうまい民族がやってきて、その地位を奪ったとしても、不正が行われたことには（ならない）」（ノーマン・G・フィンケルスタイン『イスラエル擁護論批判　反ユダヤ主義の悪用と歴史の冒瀆』立木勝訳／三交社）

現代の価値観ではあり得ない発言でしょうが、「先住民は進歩の車輪を妨害しているのだから駆除されねばならない」というのは、1960年代の公民権運動までは、アメリカがインディアン（アメリカ原住民）の土地を奪って建国されたことを正当化する公式の説明でした。チャーチルは、その論理をイスラエル建国にあてはめただけなのです。

その後、（当然のことながら）「優れた民族と劣った民族」という比較は表立っては口にできなくなりました。そこで新しくひねり出されたのが、シオニストが植民してくる前のパレスチナはほとんど無人地帯で、ユダヤ人の入植者が砂漠地帯を開拓したあとに近隣諸国にいたアラブ人（パレスチナ人）が移住してきたという「歴史的説明」でした。これは明らかに史実に反していますが、1980年代には大真面目に唱えられ、イスラエルの正統性に居心地の悪さを感じるアメリカのユダヤ人エリートはこの「偽史（歴史修正主義）」を大絶賛しました。

イスラエルの「アパルトヘイト」

神とユダヤ人との「契約」がたんなる神話で、ユダヤ人とパレスチナ人は平等の人権をもっており、先住者であるパレスチナ人の権利を侵害することでイスラエルが建国されたことを否定できなくなると、イスラエル政府は「ヨルダン川西岸地区およびガザ地区のパレスチナ人は最高度に「自由」で「穏和」な占領による統治を受けている」と主張するようになりました。しかしこれも、ジャーナリストや人権団体によってパレスチナ人に対する人権侵害（拘束や拷問、土地・家屋の接収）の実態が明らかになると根拠を失ってしまいます。

こうして国際社会からの強い批判にさらされたイスラエルは「右傾化」し、「極右」のネタニヤフ政権はもはやパレスチナへの「植民地支配」を正当化しようとはせず、ＵＡＥ（アラブ首長国連邦）やバーレーンなどアラブ諸国との国交を正常化し、「アラブの盟主」であるサウジアラビアとも国交正常化に向けての合意を結ぶなど、既成事実を積み上げることでパレスチナ問題を「なかったこと」にしようとしました。ハマスのテロの背景には、アラブ諸国から見捨てられ、忘れ去られることへの恐怖や焦りがあったのでしょう。

１９９３年にノルウェー政府の仲介で、アメリカ（ビル・クリントン政権）を後見人としてイスラエル政府（イツハク・ラビン首相）とパレスチナ側の代表であるＰＬＯ＝パレスチナ解放機構（ヤーセル・アラファト議長）とのあいだでオスロ合意が結ばれ、ヨルダン川西岸とガザ地区に将来的にパレスチナ国家を樹立することが決まりましたが、その後、イスラエルはヨルダン川西岸に大規模な入植を行ない、合意は機能不全に陥ります（ガザ地区に対しては、２００５年に「極右」のアリエル・シャロン首相が、２００万人もの住民から憎まれながら占領を続けるのは不可能だとして入植者を強制的に退去させました）。

ヨルダン川西岸にはベツレヘムやエリコなど聖書の時代に遡《さかのぼ》る歴史的な都市があり、ユダヤ教の（超）正統派だけでなく、アメリカの福音派などキリスト教原理主義者もイスラエルによる併合を支持しています。その結果、ヨルダン川西岸には310万人のパレスチナ人と70万人のユダヤ人入植者が暮らすことになり、イスラエルはもっとも恵まれた61％の土地を管理下に置き、入植者を守るために軍を配備しています（それに対してパレスチナ自治政府の管理下にあるのは領土全体の18％、残りの20％は共同管理）。

この入植政策は国連決議違反として再三批判され、2016年にはアメリカの棄権によって国連安全保障理事会で入植地の建設停止を求める決議案が採択されましたが、ネタニヤフ首相は強く反発し、「決議に従うつもりはない」と表明しました。皮肉なことに、いまやイスラエルの国家としての正統性を保証しているのは、「アラブ人とユダヤ人の国家を創出し、エルサレムを特別な都市とする」という1947年の国連総会決議だけなのにもかかわらず。

イスラエルにおける「人種分離」が国際社会で問題にされるようになったのは、2020年にイスラエルの人権団体イェシュ・ディンが、国際法に照らして「ヨルダン川西岸で人道に対するアパルトヘイト犯罪が行なわれている。加害者はイスラエル人、被害者はパレスチナ人である」と述べてからで、翌21年1月には同じくイスラエルの人権団体ベツェレムも、「ヨルダン川から地中海に至るユダヤ人至上主義体制：それはアパルトヘイトである」という報告書を公表しました。

さらに21年4月に国際的人権団体ヒューマン・ライツ・ウォッチ（HRW）が「越えられた一線：イスラエル当局とアパルトヘイトおよび迫害の犯罪」という報告書を発表し、22年には同じく国際的人権団体であるアムネスティが「イスラエルによるパレスチナ人へのアパルトヘイト残虐な支配体制と人道に対する罪」という調査報告書で、「イスラエル当局は、パレスチナ人に対するアパルトヘイトの罪で責任を問われなければならない」と強く批判しました。

アパルトヘイトはアフリカーンス語（南アフリカに入植したオランダ系移民の言語）で「分離」「隔離」を意味し、1948年から94年まで南アフリカで行なわれた少数派の白人による非白人（黒人多数派）の人種分離をいいます。これは「レイシズム（人種主義）」の典型とされていますが、ホロコーストの犠牲となったユダヤ人がつくった国がいまやアパルトヘイトとして糾弾されているのです。

こうしてリベラルなユダヤ人のなかから、イスラエルと決別するひとたちが現われました。

イスラエル vs ユダヤ人

ハマスの武装集団がイスラエルを襲ってから10日あまりのちの2023年10月18日、アメリカ・ワシントンの連邦議会議事堂に集まったひとびとがイスラエルとハマスの停戦を訴え、一部の参加者が議会の建物内で抗議活動を行なったとして数百人が逮捕されました。黒のTシャツを着た参加者たちはホールに座り込み、音楽に合わせて手を叩きながら〝Ceasefire now!（撃つのを止めろ）〟〝Let Gaza live!（ガザを生きさせろ）〟と叫びました。

この出来事が注目を集めたのは、彼ら／彼女たちがアメリカ在住のユダヤ人だったことです。この団体は「平和のためのユダヤ人の声（ＪＶＰ：Jewish Voice for Peace）」で、ホームページによれば、平日（水曜）昼にもかかわらず、わずか数日の告知で全米から５０００人もが集まり、議事堂内で抗議活動を行なったのは４００人で、そのなかには25人のラビ（ユダヤ教の宗教指導者）がいたといいます。

ＪＶＰは自分たちを、「パレスチナの自由と、シオニズムを超えたジュダイズム（ユダヤ教）のために運動する草の根の組織」と紹介しています。

これまでユダヤ人にとって、イスラエル（シオニズム）とユダヤ教は一体のものとされ、イスラエルを批判することは「反ユダヤ主義」と見なされました。ホロコーストという負の歴史を抱える西欧諸国において「反ユダヤ主義」のレッテルを貼られることは、個人にとっては社会的な存在のキャンセル（抹消）につながり、企業の場合は広告を引き揚げられ、不買運動を起こされます。

これに対してＪＶＰは、「イスラエルはユダヤ人の名の下に行動していると主張しているため、（ユダヤ人である）わたしたちが、多くのユダヤ人がその行動に反対していることを世界に知らしめざるを得ないのです」と述べています。「イスラエル政府に説明責任を負わせようという試みは、しばしば正当な批判を反ユダヤ主義と混同することによって沈黙させられてきた」というのです。

当然のことながら、イスラエルがアパルトヘイトを行なっていると批判するユダヤ人は、イスラエルを擁護するアメリカのユダヤ人エリート（ユダヤ・ロビー）とはげしく対立しています。この事態をさらに複雑怪奇なものにするのは、ネタニヤフが（リベラルな）バラク・オバマ元大統領を嫌い、トランプ前大統領と「蜜月関係」になったことです。

「キリストが再臨するためには、ユダヤ人は、神が彼らに約束した「聖地」に戻らなければならない」という終末論が天啓史観で、それを信じるキリスト教原理主義者を支持基盤とするトランプは、国際社会の反対を無視してテルアビブのアメリカ大使館をエルサレムに移し、ヨルダン川西岸への入植を認めました。これによってリベラルなユダヤ人は、自分がトランプに熱狂する右派と同じになってしまったことに気づきます。このようにして、若い世代を中心に、イスラエルと決別するディアスポラ（海外在住）のユダヤ人が登場することになったのです（シルヴァン・シペル『イスラエルvs.ユダヤ人　中東版「アパルトヘイト」とハイテク軍事産業』高橋和夫解説、林昌宏訳／明石書店）。

「イスラエルの政策がユダヤ人への敵意を煽っている」

慰安婦問題へのきびしい批判で日本でも知られるようになった国連人権委員会は〝リベラルの牙城〟ですが、パレスチナの人権状況を調査する特別報告者のフランチェスカ・アルバネーゼ

（イタリア人の女性弁護士）はガザへの空爆に対して、「イスラエルは戦争に紛れてパレスチナ人への「民族浄化」を実行している」と非難しました。イスラエルの国連大使は「まったくのウソ」と反発し、アルバネーゼを反ユダヤ主義者と批判しましたが、これによって人権を守る国連の組織が「レイシズム」になってしまいました。

イスラエルのパレスチナ支配を「アパルトヘイト」と批判するアムネスティやHRWのような国際人権団体は、親イスラエル派から「新しい反ユダヤ主義」と見なされています。「反民族差別主義、反帝国主義、反植民地主義の名において」行なわれるリベラルの反ユダヤ主義だとされますが、これではイスラエルはすべてのリベラルを敵に回すことになってしまいます。

「ヘッジファンドの帝王」と呼ばれるジョージ・ソロスはブダペストのユダヤ人家庭に生まれ、13歳のときにナチス・ドイツがハンガリーを支配下に置いたため、捕えられれば絶滅収容所に送られる窮地に陥ります。ソロス一家は法律家の父の強いリーダーシップでなんとかこの危機を切り抜けますが、ソロスは死と隣り合わせだったこの1年間を「人生で最も幸福」な時期だったと回想しています（マイケル・T・カウフマン『ソロス』金子宣子訳／ダイヤモンド社）。――その後、聡明で血気盛んなこの少年は、金融市場で大きなリスクをとることに魅了されることになりました。

２０００年9月、イスラエルの右派政党リクードの党首シャロンが、それまでの合意を無視してイスラームの聖地である岩のドームのある神殿の丘（ローマ帝国によって破壊されたエルサレム神殿の遺構）に登ったことをきっかけに、パレスチナ人のはげしい抵抗運動・第二次インティファーダが起きます。イスラエルは武力によってこの反乱を鎮圧しようとし、国際社会から強い非難を浴びることになりました。

このときソロスは、「ヨーロッパにおける反ユダヤ主義の復活は」シャロンの政策とユダヤ人の行動が主な原因だという趣旨の発言をしました。世界ユダヤ人会議はこの〝暴言〟に対して、「反ユダヤ主義の原因はユダヤ人ではない。原因は反ユダヤ主義」だと「反論」しました。

ノーマン・G・フィンケルスタインはアメリカ生まれのユダヤ人ですが、父親はアウシュヴィッツ、母親はマイダネクの収容所の生存者で、両親以外の親族は、父方も母方もすべてナチスに殺されました（居間には母の家族の写真が掛かっていましたが、父の家族のものは一枚も残っていなかったといいます）。

ホロコーストのサバイバー（生き残り）を両親にもつフィンケルスタインは後年、ホロコーストを神聖視し、イスラエルへのあらゆる批判に「反ユダヤ主義」のレッテルを貼るアメリカのユダヤ人エリートをきびしく批判するようになります。

そのフィンケルスタインは、ユダヤ人団体がソロスの発言を受け入れがたかった理由をこう説明しています。

もしイスラエルの政策と、それへの広範な支持がユダヤ人への敵意を煽っているのだとすれば、イスラエルとそれを支持するユダヤ人自身が反ユダヤ主義の原因だということになる。そしてそうなるのは、イスラエルとそれを支持するユダヤ人の方が悪いからだということになってしまう(フィンケルスタイン『イスラエル擁護論批判』)。

イスラエルのガザへの侵攻後、世界的に「反ユダヤ主義」が勢いを増しているとされますが、アメリカのリベラルな大学で行なわれている親パレスチナの抗議行動を見れば、いままさにこれと同じことが起きているのだとわかります。ユダヤ人はホロコーストの犠牲者ですが、パレスチナ人はイスラエルの「アパルトヘイト」の犠牲者です。こうして2つの正義が衝突し、正義の物語が液状化してしまったのです。

ユダヤ人団体を批判する強制収容所からの生還者の息子

フィンケルスタインの両親は、ナチスの強制収容所から生き延びたにもかかわらず、ユダヤ人の権利団体がスイスの銀行業界やドイツ政府に対して行なったホロコースト生還者のための補償要求の活動に冷淡だったといいます。それは「「困窮するホロコースト犠牲者」の名の下にヨーロッパから金をむしり取るためのもの」だというのです(ノーマン・G・フィンケルスタイン『ホロコースト産業　同胞の苦しみを「売り物」にするユダヤ人エリートたち』立木勝訳/三交社)。

フィンケルスタインによる「ホロコースト産業」への批判は当然のことながら、アメリカ国内ではげしい反発にさらされ、「過激派」「狂人」「変人」「奇人」と中傷されたものの、「歴史の歪曲《わいきょく》」と決めつけることはできませんでした。その記述が膨大な「事実（ファクト）」を積み上げたもので、「私（フィンケルスタイン）の知る限り、実際の調査結果について疑問を呈した者は誰もいない」こともありますが、ユダヤ人団体をより困惑させたのは、ホロコースト研究の第一人者で『ヨーロッパ・ユダヤ人の絶滅』（望田幸男・原田一美・井上茂子訳／柏書房）で知られる歴史家ラウル・ヒルバーグがフィンケルスタインの主張を全面的に支持したことでしょう。

とはいえ、これはユダヤ人団体だけの問題ではありません。差別されているひとたちの権利を守る団体が金銭的なトラブルで批判されるのは、どこにでもあるありふれた話です。フィンケルスタインの『ホロコースト産業』が世界的な衝撃を与えたのは、ナチスの絶滅政策がヨーロッパのユダヤ人に途方もない悲劇を引き起こしたことによって、「ホロコースト生存者の権利を代弁する」団体の権力も、やはり途方もなく大きなものになったからでしょう。

日本での類似の事例として、２００６年の「飛鳥《あすか》会事件」があります。部落解放同盟の支部長を兼任する財団法人の理事長が業務上横領と詐欺の容疑で逮捕・起訴され、社会を揺るがす騒ぎになりました（元支部長は大阪地裁で懲役６年の実刑判決を受けたものの、控訴した大阪高裁の審理中に病死）。従軍慰安婦問題を糾弾する「正義連（日本軍性奴隷制問題解決のための正義記憶連帯）」が寄付金を詐取しているとして元慰安婦から告発され、刑事事件になった韓国の事例を思い起こしたひともいるでしょう。

なぜこのような不祥事が、国境を越えていたるところで起きるのか。それは、「正義」と「利権」がコインの裏表のような関係にあるからでしょう。

差別されていたひとたちに代わって加害者に謝罪と補償を求めるのは人権団体の重要な役割ですが、正義は権力であり、自分たちの掲げる正義が大きければ大きいほど、巨額の金銭が動く機会が増えます。わたしたちは誰も聖人君子ではないのですから、当初の高邁《こうまい》な理想が金儲けに変質したり、あるいは理想と利権が「両立」したりすることになるのです。

このことをフィンケルスタインは、「ナチ・ホロコースト」と「ザ・ホロコースト」として説明しています。ナチ・ホロコーストは歴史的事実としてのホロコーストで、ザ・ホロコーストは「ホロコースト産業」が自分たちの都合のいいようにつくりあげた「犠牲の物語」だというのです。

さて、これでようやく補助線を引き終わりました。それでは次に、「広島」と「ヒロシマ」についで考えてみることにしましょう。

ドイツと日本の非対称性

イスラエルとパレスチナ人がともに「犠牲」を強調するのは、リベラル化した現代社会では犠牲が「正義」の証明になるからです。そのため国家は、自らの正統性を確立するために、民族の悲劇を強調するようになりました。典型的なのは泥沼の内戦になった1990年代の旧ユーゴスラヴィアで、クロアチア人はセルビアの覇権主義の犠牲者で、ムスリムのボスニア人はキリスト教徒（正教徒やカトリック）の犠牲者で、セルビア人は周囲の民族からつねに搾取される犠牲者でした。

第二次世界大戦後に植民地から独立した国々を中心に、ナショナリズム（国民の物語）の核心に「犠牲」の記憶が据えられました。これが「犠牲者意識ナショナリズム（Victimhood Nationalism）」です。――英語で〝Victim〟は「（一方的に被害をこうむる）受動的な犠牲」、〝Sacrifice〟は「（殉教のような）能動的な犠牲」で、日本語では前者は「被害」、後者は「犠牲」と訳されるので、〝Victimhood Nationalism〟を直訳すると「被害者意識ナショナリズム」になりますが、日本語の「被害者意識」にはネガティブな含意があるので、より中立な「犠牲者意識ナショナリズム」が使われます。

ところが近代以降の国民国家にかぎっても、加害と被害の歴史は複雑にからみあっていますから、美しい「犠牲の物語」をつくろうとすると、しばしば大きな障害にぶつかります。第二次世界大戦で「国連軍」（英米ソなどの〝United Nations（UN）〟は日本では「連合国」と訳されますが、いうまでもなくUNは「国連」のことです）に敗れ、ニュルンベルクと東京の裁判で「悪（ファシズム）」のレッテルを貼られたドイツと日本は、ナショナリズムの物語をつくり直すのにとりわけ大きな困難に見舞われました。

さらには、「人類の悲劇」であるホロコーストと広島・長崎への原爆投下には、加害と被害の非対称性があります。ナチス・ドイツは優生思想によってユダヤ人、ロマ、精神障害者など「不適切な遺伝子」をもつ者を〝絶滅〟させようとした「加害者」ですが、人類史上唯一の被爆国となった日本は、植民地・侵略戦争の加害者である一方で、原爆の「被害者」です。

この大きなちがいは、ドイツと日本の戦後史に色濃く反映されることになりました。

ドイツは冷戦によって東西に分断されたうえ、ソ連によって国境を大きく西に動かされたため（ソ連がポーランド東部を現在のウクライナに割譲させ、その代償としてドイツ東部をポーランドに与えた）、ドイツ系住民1650万人が難民化し50万から200万人が犠牲になる大きな悲劇に見舞われます。しかしそれにもかかわらず、西欧諸国に受け入れられるためには、被害の歴史を封印し、加害（とりわけホロコースト）の歴史をつねに想起することを受け入れざるを得ませんでした。

ドイツがナチス時代の歴史を反省・謝罪・賠償していることはそのとおりでしょうが、いかなる国民も自らを「絶対悪」として生きていくことはできません。そこでドイツは、この苦境を「ナチス」と「ドイツ」を分離することで切り抜けようとしました。こうして「国防軍潔白神話」が誕生します（守屋純『国防軍潔白神話の生成』錦正社）。

戦後（西）ドイツ社会の根幹を形成したこの歴史認識では、ホロコーストはヒトラーとナチスの「狂人たち」が行なったもので、ドイツ軍（国防軍）に反ユダヤ主義はなく、ユダヤ人の絶滅政策にも反対していたが、ポピュリズムに抗することができなかったとされます。さらにドイツ軍は、敗北必至と知りつつも正々堂々と英米軍と戦い、ソ連軍の蛮行からドイツ系住民を守るために壮絶に玉砕したという話になります。

この国防軍潔白神話が現在まで脈々と続いていることがよくわかるのが、ホロコーストをテーマにして、毎年、雨後の筍《たけのこ》のようにつくられる映画です。それらを観ると、どの作品でも「ドイツ人」や「ドイツ軍」という言葉が慎重に避けられているのがわかるでしょう。

強制収容所からの生還者の手記では、収容者は自分たちを拘束・連行・使役・処刑する者たちを「ナチス」ではなく「ドイツ人」と呼んでいました。しかしいまやこの歴史的事実はきれいに抹消されていて、ナチスとドイツを混同することは「ポリコレ」のコードに反するとされ、自主規制の対象になっています（「ナチス・ドイツ」という用語は、「ナチス統治下のドイツ」を意味する場合のみ許されます）。

ではなぜ、このような「歴史の修正」が受け入れられたのでしょうか。その理由は、冷戦下でソ連との世界最終戦争の脅威にさらされた米英仏など「戦勝国」にとって、西ドイツを自分たちの側に加えることが最優先課題になったからです。ユダヤ人にとっても、ドイツを「絶対悪」として糾弾するだけでは戦後のヨーロッパで生きていくことができませんし、イスラエルの最大の後援者となったアメリカの意向を無視することができなかったという事情もあるでしょう。

このようにしてドイツの「加害者意識」は独特のねじれ方をするわけですが、それに対してもうひとつの「敗戦国（ファシズム国家）」である日本はどのようにこの国家的危機に対処したのでしょうか。

犠牲者意識ナショナリズム

林志弦《イムジヒョン》さんはポーランド近現代史を専門にする韓国の歴史学者ですが、『犠牲者意識ナショナリズム　国境を超える「記憶」の戦争』（澤田克己訳／東洋経済新報社）で、東欧と東アジアの「被害＝犠牲の記憶」を比較しつつ、きわめて論争的な主張をしています。それをひと言でいうならば、「日本人はヒロシマを、戦争の加害責任から目を逸らすために利用してきた」になるでしょう。

とはいえ、林さんは「反日」ではありません。その関心は、世界のあらゆる場所で「犠牲の物語」をめぐる〝記憶の闘争〟が起きており、ヒロシマ（日本）と従軍慰安婦（韓国）を東アジアにおけるその象徴的な事例として、「地球規模の記憶構成体」の視点から考えることです。ここから林さんは、「戦後日本の民族主義と朝鮮半島の民族主義には「敵対的な共犯関係」がある」ことを見いだします。

韓国と日本の民族主義はどちらも、「自民族の生存を脅かす隣人の攻撃的民族主義」という想像上の他者を必要としています。日韓の「歴史戦」とは、「日本の右翼の歴史否定論が韓国の反日民族主義を正当化し、韓国の民族主義による日本たたきが日本の右翼の民族主義を強化する」

ことで過激化してきました（そして大きなビジネスになりました）。「いかなる民族主義も他者の存在なしには成り立たない」のです。

とはいえこれは、どこにでもあるありふれた光景です。ロシアとウクライナが「歴史戦」からリアルな「戦争」になったことに比べれば、日韓や日中のいがみ合いはたんなる「口喧嘩」にすぎません。

「犠牲者意識ナショナリズム」を林さんは、「犠牲となった前世代の経験と地位を次世代が踏襲し、それによって現在の自分たちの民族主義に道徳的正当性と政治的アリバイを持たせる記憶政治の理念的形態」と定義します。ホロコーストでいうならば、600万人のユダヤ人がナチスによって「絶滅」させられた経験がイスラエルに道徳的正当性を与え、それがパレスチナでの植民地主義（アパルトヘイト）に対する「政治的アリバイ」になっているわけです。

韓国では「リベラル派」の文在寅《ムンジェイン》政権が慰安婦問題で「被害者中心主義」の立場をとり、朴槿恵《パククネ》政権時代に安倍政権と「最終的かつ不可逆な解決」を確認した慰安婦合意を覆しました。ここで掲げられた「被害者中心主義」が、まさに「犠牲者意識ナショナリズム」です。

ナショナリズムというのは、「俺たち」を善、「奴ら」を悪とする善悪二元論の物語です。それを「グローバルな記憶空間」に置き直してＤＤ化（相対化）することは、民族主義者にとっては「正義」の価値の否定以外のなにものでもありません。慰安婦問題を犠牲者意識ナショナリズムとして論じる林さんは、韓国で強い批判にさらされました。

日本の右翼・保守派は韓国の「被害者中心主義」をはげしく攻撃しましたが、ここで指摘しておかなければならないのは、日本においても近年ますます「被害者中心主義」が強まっていることです。このことは、犯罪事件が報じられるたびに「加害者をきびしく罰せよ（死刑にしろ）」「被害者や遺族の人権を尊重せよ」という投稿（ときに罵詈雑言《ばりぞうごん》）がニュースサイトのコメント欄にあふれるのを見ればわかるでしょう。けっきょく、日本でも韓国でも「被害者中心主義」は自分にとって都合のいいように利用されているのです。

ヒロシマからアウシュヴィッツへの行進

1963年1月、「広島・オシフィエンチム平和行進団」（日本での名称は「広島・アウシュヴィッツ平和行進」）の日本の反核平和活動家4人が、広島からアジアと欧州23カ国を経由する3万3000キロを8カ月かけて歩いて、アウシュヴィッツ解放18周年記念式に参加しました。記念式の参加者は「ノーモア・ヒロシマ」と「ノーモア・アウシュヴィッツ」を連呼し、日本から持参した被爆時に溶けた瓦と、アウシュヴィッツの犠牲者の遺灰を収めた壺が交換されました。

行進団の団長は日本山妙法寺の僧で社会運動家でもある佐藤行通《ぎょうつう》で、「広島の経験と被爆者の証言を通じて全世界の反核平和運動と結びつく」ことが目的でした。「唯一の被爆国民である日本人こそ世界平和を追求する特別な義務を負う」というのが、彼らが出発時に発した第一声でした。

ところが、平和行進団がシンガポールに立ち寄ったとき、建設現場で日本軍に虐殺された中国系住民数百人の遺骨が見つかるという事態に遭遇します。この場面を林さんは、こう描写しています。

アジアの隣人に対する日本軍の残虐行為を忘れていた参加者たちに、この事件は衝撃的だった。町を覆った反日感情に驚いた団長の佐藤は犠牲者のために法要を営み、さらに参加者全員で遺骨の発掘作業を手伝った。彼らは日本軍の蛮行を謝罪しつつ、広島の犠牲を訴えねばならないという難しい課題に苦労した。自分たちを第2次大戦での最大の犠牲者だと考えていた広島の被爆者が、シンガポールで自分たちによって犠牲とされた人々に出会ったのだ（林志弦『犠牲者意識ナショナリズム』）。

アウシュヴィッツの悲劇は１９５６年のドキュメンタリー映画『夜と霧』（アラン・レネ監督）で広く知られることになりましたが、１９６０年代は米ソ冷戦と核戦争の恐怖を背景に、広島・長崎への原爆投下の方が強い印象を与えていました。そこでポーランドの共産党政権は、「反帝国主義・反核平和キャンペーンの一環」として日本側に平和行進のアイデアを提案します。また１９６１年には東ドイツのドレスデン市長が、「洋の東西を越えて台頭する軍事主義に対抗して、平和を守る戦い」のために、広島市に姉妹都市になろうと提案する手紙を送っています

(国際政治にまきこまれることを懸念した広島市長は返答しませんでした)。

ドイツ東部の工業都市ドレスデンは戦争末期に米軍の無差別爆撃を受け、市の85%が破壊され、2万5000人の市民が死亡しました(死傷者数は10万から20万との説もあります)。それにもかかわらず、ドイツのナチズムが「絶対悪」とされたため、ドレスデンは戦後ずっと自分たちの「犠牲」を世界に訴えることができませんでした。そこで、ドレスデンの悲劇をヒロシマとつなげようとしたのです。

さらに東ドイツは、「原爆はもともとドレスデンに投下される計画だったが、開発の遅れとソ連軍の早い進駐で予定が狂い、代わりに広島が原爆の最初の犠牲者になった」という公式記憶を創り出します。「原爆は広島ではなくドレスデンに投下されるべきだった(その方が犠牲者意識ナショナリズムにとって都合がいい)」のです。

日本側にとっては、ヒロシマ(原爆投下)とドレスデン(空襲)を一緒にされることになんのメリットもありませんでした。それに対して、「人類の悲劇」であるアウシュヴィッツと結びつくことにははかりしれない価値があったのです。

広島市が2024年の平和記念式典に、ロシアと同盟国ベラルーシの招待を見送る一方で、例年どおりイスラエルを招待したことに対し、記者会見で「ダブルスタンダードにみえる」と指摘されました。これに対して広島市長は、「ダブルスタンダードは取っていない。あなたの解釈です」「勝手に想像しないでください」と声を荒らげたと報じられました。

戦後日本は、ヒロシマ・ナガサキをアウシュヴィッツとセットにして、「人類の悲劇」として世界にアピールしてきたのですから、平和記念式典の招待リストからイスラエル（ユダヤ人）を外すことができないのは当然なのでしょう。

『夜と霧』と『アンネの日記』は日本で最初にベストセラーになった

アウシュヴィッツからの生還者による手記で、いまや不朽の名作となったヴィクトール・フランクルの『夜と霧』は当初、ドイツではほとんど注目されず2版で絶版となりましたが、日本で1956年に翻訳出版されるとたちまち話題を呼び、そこから世界的なベストセラーになっていきます。

アンネ・フランクの『アンネの日記』が1947年にオランダではじめて出版されたとき、部数は1500部でした。1950年に西ドイツで出たドイツ語版の初版は4500部で、フランス語版の販売部数もそれほど多くはありませんでした。

この『アンネの日記』も1952年に日本語版が出るとベストセラーになり、20世紀末までに400万部が売れ、ドイツの250万部を超えて世界でもっともよく読まれた国になりました。それに加えて日本では、すくなくとも4種類のマンガ版と3種類のアニメ版が制作されており、強制収容所で生命を落とした少女の日記に触れた日本人は膨大な数になるでしょう。

ドイツで『アンネの日記』が売れはじめたのは、ペーパーバック版の表紙に「今でも信じている。たとえ嫌なことばかりでも、人間の本性はやっぱり善なのだということを」という日記の一節を引用してからでした。「犠牲者が加害者を赦《ゆる》すような言葉には、アンネから赦してもらったような感情をドイツ人読者に抱かせる錯視効果があった。それがドイツでの売り上げを押し上げた側面もある」と林さんはいいます。

それではなぜ、日本人は世界にさきがけて『夜と霧』を発見し、『アンネの日記』を偏愛するようになったのでしょうか。それはもちろん、戦後日本人が平和を希求し、戦争に反対しているからだというのが「公式の」説明になるでしょう。

しかし林さんは、より端的に「第2次大戦の犠牲者を象徴するアンネと一緒になることで、唯一の被爆国としての犠牲者意識を世界から認めてもらいたいのだ」といいます。そのため日本人は、「植民地だった朝鮮と台湾、日中戦争とアジア・太平洋戦争で日本軍が尊厳を踏みにじり、死傷させたアジアの隣人にアンネを見出すことはない」のです。

林さんの指摘は日本人にとってきわめて居心地が悪いものですが、これは広島の原爆死没者慰霊碑（1952年8月6日設立）に刻まれた「安らかに眠って下さい　過ちは繰返しませぬから」という言葉の意味を明快に説明します。この碑文は「過ちを犯した主語が欠けている」とずっと批判されてきましたが、これは意図的に主語を欠落させているのです。なぜなら、原爆を投下したアメリカの「過ち」を指摘すると、自らの過ち、すなわち朝鮮半島の植民地化や日中戦争、東南アジア侵略の加害行為と向き合わざるを得なくなるからです。

1954年に公開された映画『ゴジラ』第一作では、南太平洋の水爆実験によって巨大化したゴジラがまるで天災のように東京を襲いますが、ここに日本人の戦争観が象徴されています。広島・長崎への原爆投下や東京大空襲を「天災」として受け入れる代わりに、戦前の日本がアジアで行なった加害行為も天災（しかたのない出来事）として相殺してほしいというわけです。

しかしアジアのひとたちは、この都合のいい理屈を受け入れてくれるでしょうか。

日本のリベラルは民族主義の一変種

日本ではリベラルメディアが、毎年8月になると広島・長崎の原爆投下や沖縄戦の「犠牲の物語」を特集し、この恒例行事は「八月ジャーナリズム」と揶揄《やゆ》されます。これらの記事に登場するのは戦争の「被害者」ばかりで、その責任は「戦前の軍国主義」にあり、日本はふたたび軍国主義化している（いまは「新しい戦前」だ）と警告して終わるのも定型のパターンです。日本軍が日本人に対して行なった加害行為（沖縄戦では軍人が住民に「集団自決」を命じたとされましたが、これはのちに裁判で否定されました）はさかんに取り上げられるものの、日本軍がアジア各地で行なった加害行為（および米軍の加害行為）の記述は慎重に排除されています。

林さんによれば、これは日本の平和運動の際立った特徴です。左派の活動家は、「原爆投下は人種主義に基づく邪悪な軍事実験であり、ソ連軍を脅すためにわざわざ投下したのだ」と主張しました。「日本の軍国主義は原爆によって歴史の審判を受けた」のだから、「被害者である日本人には、広島の平和精神に反する核戦争への動きを米国が見せるなら止める権利と義務がある」というのです。

こうして日本のリベラルや左派は、アメリカやソ連（ロシア）、中国などの核保有国を名指しすることなく、「核のない世界」という抽象的なメッセージを繰り返すようになります。自分たちを「平和を守る」側（善）に置くことによって、「戦争と原爆投下に至る歴史的な流れと政治的責任」、すなわち自らの「悪」を隠蔽することができたのです。

このことは、リベラルがなぜ「憲法9条」にこだわるのかを理解する助けになります。そもそも日本国憲法は、進駐軍に配属されたアメリカの若いリベラルが原案をつくったもので、戦争放棄には平和主義への理想が込められているものの、「陸海空軍その他の戦力は、これを保持しない」という条文は、日本がふたたび武装してアメリカへの脅威になることを防ぐためのものでした。それが朝鮮戦争で日本を米国の同盟国として再武装させる必要が生じ、「憲法違反の軍隊」ができてしまったのです。

もちろん最初からこの矛盾は意識されていましたが、リベラルは「憲法9条を改正すると戦争になる」という根拠のない不安を煽り立てて、自衛隊を憲法の下に位置づけることに頑強に反対してきました。これは一種の言霊信仰で、なぜこれほど空理空論にしがみつくのかずっと不思議でしたが、これも犠牲者意識ナショナリズムから説明できるでしょう。

日本のリベラルにとっては、自分たち（庶民）が戦争の犠牲者の側に立って、「絶対平和」という空虚な理想を唱えつづけることが快適でした。ところが軍隊を保有すると、旧日本軍の「加害行為」を想起させられてしまいます。「自分たちは悪くない」というぬるま湯にいつづけるためには、「世界で唯一」の被爆国であることと、「世界で唯一」戦争を放棄した日本国憲法をもつことが必要不可欠だったのです。林さんはこう指摘します。

原爆犠牲者の昇華レトリックの底流には、原爆に比べれば日本軍の加害行為は小さなものだという感情がある。この感情は、日本の反核平和運動が侵略の過去を反省するより平和国家日本の未来を描くことに没頭する集団心理と大きく違わない。犠牲者意識は、戦後日本の左派平和運動でも中心的位置を占めていた（林志弦『犠牲者意識ナショナリズム』）。

自分たちは「犠牲者」だと言い立て「加害」を否認するのは、民族主義者（ナショナリスト）の特徴です。絶対平和を唱える日本のリベラルは、民族主義の一変種なのです。

日中・日韓の歴史問題は「植民地主義の見直し」の先行事例

戦後日本はずっと、「唯一の被爆国」という犠牲の物語を独占することで、自らの加害と向き合うことを避けてきました。しかし1990年代になると、独裁政権を脱して民主化した韓国や、鄧小平の改革開放政策によって経済成長を遂げた中国から異議申し立てを受けることになります。

慰安婦問題や南京事件の評価をめぐる論争の背景にあるのは、「日本は加害責任を逃れているのではないか」という不満でしょう。

慰安婦問題が女性の人権問題としてグローバル化するきっかけは、ユーゴスラヴィアの内戦で欧米社会が（白人同士の）悲惨な性暴力を目の当たりにしたからです。そして、「あらゆる性暴力は許されないのだから、国家による過去の性暴力も時間をさかのぼって謝罪・賠償しなければならない」という新しいリベラルの基準がつくられました。

こうして米下院外交委員会やEU議会で日本政府の謝罪を求める「慰安婦」決議が可決され、日韓合意後の2018年にも国連の人種差別撤廃委員会で「恒久的な解決」を勧告されました。これに対して日本の右派・保守派は慰安婦問題を日韓の「歴史問題」と誤解し、（日本語の）歴史文書の重箱の隅をつつくような反論をしましたが、これではまったく相手にされないのも当然です。――さらに林さんは、「日本の民族的自負心と名誉を傷つけられたと主張する心理の底には、制度化された性暴力としての慰安婦の存在を認めると数百万人に上る平凡な日本軍兵士の共犯性が浮かび上がってしまうという恐れがあるように見える」と指摘しています。

しかしこれは、欧米が正しく日本が間違っているという（よくある）話ではありません。「正義」を高く掲げれば掲げるほど、その刃は自分に返ってきます。

アメリカで「人種正義」を求めるブラック・ライヴズ・マター（BLM）の抗議行動が頻発したとき、リベラルな白人たちは「白人は生まれたときからレイシスト」で、（黒人を差別する）

警察や刑務所は解体すべきだというＢＬＭの極端な主張を支持しました。しかし「レフト」の学生たちが親パレスチナの抗議行動を始めると、リベラルな大学は「反ユダヤ主義」のレッテルを貼り、（解体するはずの）警察を使って学生たちを排除しています。

ヨーロッパではリベラルな政権がイスラーム圏から移民を受け入れたことで、ポピュリズムの嵐が吹き荒れるようになりました。その結果、世界でもっともリベラルな国であるデンマークでは、排外主義の極右政党の勢力拡大を阻止するために、リベラル政党が右派の排外主義的な移民政策を丸呑みし、政権の座に返り咲きました。――一方、大麻も売春も自由なオランダでは〝極右〟とされる自由党が総選挙で圧勝しました。

ここでは複雑骨折したような植民地主義や歴史問題には立ち入りませんが、とりあえず指摘しておくとしたら、「日本は恵まれている」ということです。日本が朝鮮半島を併合したのは１９１０年から45年の敗戦までの35年間で、台湾の植民地統治も１８９５年からの半世紀です。それに対して欧米の植民地主義はコロンブスのアメリカ「発見」（１４９２年）から５００年ちかくも続き、その間に先住民のジェノサイドや奴隷貿易など、現在のリベラリズムの価値観では謝罪や賠償の方途すらないような「人道に反する」ことが行なわれました（ジャマイカは多くのインディオ〈アラワク族〉が暮らしていた島ですが、一人残らず絶滅し、人口構成がまったく入れ替わってしまいました）。

反植民地主義の正義論（ポストコロニアリズム）では、アフリカの国々が貧困で苦しんでいるのは、欧米の過酷な植民地主義の負の遺産だとされます。だとすれば、日本の植民地だった韓国と台湾はいまや一人あたりGDPで世界でもっともゆたかな国のひとつになったのですから、欧米に比べて日本の植民地支配はずっとよかったということになります（さらには、日本が満州国という傀儡《かいらい》政権をつくった中国は、奇跡の経済成長によって世界第二位の経済大国になりました）。

現代におけるリベラルの大原則は、「人種間になんのちがいもなく、あらゆる人種（ヒト集団）は同じ能力をもっている」ですが、そうするとこの不都合な事態を説明できなくなってしまいます（この話はここでは触れないので、拙著『もっと言ってはいけない』〈新潮新書〉をお読みください）。

日韓や日中で先行して歴史問題が起きたのは、韓国や中国が経済的にゆたかになり、自らのアイデンティティを意識するようになったからでしょう。その意味で、中韓の「反日」は、リベラル化するグローバル世界で急速に進む「過去の植民地主義の見直し」という大きな潮流の先行事例で、経済成長したインドなどの国々がそれに続いているのです。

だとしたら日本のリベラルがすべきなのは、8月になるたびに百年一日のごとく広島や長崎の〝記憶〟を想起することではなく、犠牲の物語として一方的に神聖化してきた「ヒロシマ」をD化し、ポスト・コロニアリズム時代の新たなリベラリズムの基準を世界に示すことでしょう。

憎悪の応酬を解決する方法は「忘却」

米東部ニュージャージー州バーゲン郡の裁判所前の庭園にある「記憶の島」には「米国の奴隷制、英支配下でのアイルランド大飢饉《ききん》、オスマン帝国（トルコ）によるアルメニア・ジェノサイド、ホロコースト」の犠牲者が追悼されていますが、２０１３年にそこに慰安婦の犠牲者たちが加わりました。しかしそうなると、「アメリカン・インディアンに対するジェノサイド、広島・長崎の原爆の犠牲者、イスラエルによるパレスチナ人への〝アパルトヘイト〟」はどうなるのかという疑問が湧いてきます。

過去の犠牲の記憶を想起することは重要でしょうが、その一方で際限のない憎悪の応酬と混乱を引き起こすかもしれません。事実、ロシアとウクライナ、イスラエルとパレスチナの争いでは、どちらも過去の記憶にあまりにも強く囚《とら》われているように見えます。

だとすれば、いったいどうすればいいのか。その有力な対処法は、思いがけないものです。それは「忘却」、すなわち過去を忘れてしまうことです。

ドイツ現代史を専門にする飯田芳弘《よしひろ》さん（学習院大学法学部教授）は、ナチス幹部の裁判、ナチズム体制の協力者の公職追放などで過去を「克服」しようとした西ドイツの政策が１９５０年代に覆され、「過去政策」の名の下にナチ時代の犯罪者の恩赦や放免、ナチ協力者の再雇用・社会復帰が行なわれたことから、「戦後西ドイツの復興と再建の過程のある局面においては、「過去の忘却」を必ずしも一方的に非難することができず、場合によってはそれは必要であった」と考えるようになります（飯田芳弘『忘却する戦後ヨーロッパ　内戦と独裁の過去を前に』東京大学出版会）。

近代国家同士の総力戦である第二次世界大戦の悲劇を体験したことで、「記憶」が繰り返し想起されるようになりました。過去の過ちや悲惨な出来事を忘れてしまえば、ふたたび同じことが起きるというのです。

近年、強調されるようになった「移行期正義（transitional justice）」では、独裁から民主政に移行する際などに、真実和解委員会を設置して過去の暴力や権力の濫用を検証するだけでなく、責任者を刑事訴追し、被害者に損害賠償することで「正義」が達成され、「和解」が実現するとされます。しかし西ヨーロッパの歴史を見ると、実際には、戦争や内戦、革命など大きな体制変換のあとに起きたのは「忘却」でした。

イタリアではナチス・ドイツからの「解放」1年2カ月後の1946年6月に包括的な恩赦法が制定され、ファシズム（ムッソリーニ体制）への抵抗運動で起きた犯罪だけでなく、ファシストによる犯罪も大規模な免責の対象になりました。その根拠は、「「善良なイタリア人」はムッソリーニが勝手に始めた戦争の犠牲者であり、すべての責任はナチズムにある」でした。その後この論理は、「イタリアをナチズムの脅威から守るためにファシズムが必要だった」として、ムッソリーニの再評価につながっていきます。

またスペインでは、１９７５年に独裁者フランコが死去したあと、76年10月には政治犯の恩赦を含む国王勅令法が成立しますが、その序文には「過去の抑圧的遺産を、すべてのスペイン人の友愛的調和の中に忘却すること」と記されていました。77年10月には民主的に選出された議会の全会一致で恩赦法が成立し、反フランコの政治犯だけでなく、フランコ派の犯罪も大規模な恩赦の対象になりました。

興味深いのは、共産党などの左派もこの「過去の忘却」を積極的に受け入れたことです。その背景には、社会の混乱でスペイン社会がまた（フランコ以前のような）内戦に陥るのではないか、あるいはクーデターによって軍事独裁になるのではないかという国民的な恐怖があったといいます。「殺し合いになるくらいなら、過去を忘れてしまった方がマシ」というわけです。

戦後西ヨーロッパの歴史は、「和解のためには過去を徹底的に検証しなければならない」という正論とはべつに、もうひとつの現実的な和解の方法があることを示しています。それは、「これまでのことを水に流す」です。

隣人同士が憎み合っているようでは、共同体を維持することはできません。独裁やファシズム、共産主義体制が長く続けば続くほど、自分は無罪でも家族や親族のなかに体制協力者が増えていきます。「正義」を振りかざすことで隣人たちから恨まれれば、いずれその「正義」は自分や家族に襲いかかってくるのです。

敗戦後の日本でも、占領軍（ＧＨＱ）による戦犯の処罰がひと通り終わるとたちまち公職追放の解除が始まり、主権回復（1952年）の翌年には、旧社会党・共産党を含む全会一致で極東軍事裁判の戦犯に対する恩赦が行なわれています。日本の戦争責任の追及は不徹底だとしばしば批判されますが、そもそも戦争責任（加害責任）と真摯に向き合った国などほとんど（あるいはまったく）ないのです。

「忘却の政治」の限界

飯田さんは、常識に反して、1950年代のフランスやイタリア、1970年代のポルトガルやスペイン、ソ連崩壊後の1990年代の東ヨーロッパ諸国など、ヨーロッパで広範に「忘却の政治」が行なわれたことを指摘しました。

記憶の想起は、原理的に善悪二元論にならざるを得ません。しかしこれを過度に行なうと共同体は解体し、内乱や独裁になってしまいます。隣人に「悪」のレッテルを貼れば、その隣人はあなたのことを生涯（さらには世代を超えて）恨みつづけるでしょう。共同体の基本はDD、すなわち「持ちつ持たれつ」で、移行期正義を主張すれば強い反発にさらされるだけでなく、場合によっては「村八分」になって共同体から排除されてしまいます。

しかし、DDにも限界があります。「忘却の政治」はその性格上、共同体意識が成立したところでしか機能しません。「過去のことは水に流そうじゃないか」で双方が納得するのは、これからも同じムラ社会でずっと生きていかなくてはならない「同胞」だからです。逆にいえば、こうした共同体意識のないところでＤＤ（忘却）を主張することは、マジョリティによるマイノリティへの抑圧になってしまいます。

だからこそ、（飯田さんも強調するように）「不都合なことはすべて忘れてしまえばいい」ということにはなりません。過去を正しく記憶し、過ちを反省することを否定すれば、加害者であるマジョリティのやりたい放題になってしまうのです。

近年の脳科学は、記憶は脳のハードディスクに蓄えられているのではなく、思い出すたびに（微妙に）書き換えられていることを発見しました。では、どのように記憶は書き換えられるのか？　もちろん、「自分にとって都合のいいように」です。

それと同様に、民族の集合的記憶も自分たちにとって都合のいいように書き換えられていきます。これは「歴史修正主義」として批判されますが、記憶を「修正」するのは人間の本性（脳の仕様）で、誰も逃れることはできません。他の集団の歴史修正主義を批判する者が、自分たちの歴史を修正しているというのは、よく見られる光景です。

このとき、同じ共同体内では、記憶はＤＤ（和解）に向けて修正されていくかもしれません（「どちらの側にも非があった」とか）。それに対して、「俺たち」と「奴ら」に分かれた集団間では、相手に合わせて記憶を修正する理由がありません。このようにして双方が相手を悪とする「正義」の物語（善悪二元論）を創造し、異なる正義が衝突して、憎悪の応酬となる負の連鎖が生じてしまうのです。

DDと善悪二元論の綱渡り

リベラル化する社会では、すべての集団が「アイデンティティ」をもてるようになりました。とりわけ差別され抑圧されてきた集団にとって、アイデンティティとは「犠牲の記憶」を想起することであり、過去の犠牲に対して「加害者」に正当な補償を求めることです。

もちろんこれは当然のことですが、問題は、「加害の追及」を際限なく行なうと収拾がつかなくなり、事態が泥沼化してしまうことです。これが「アイデンティティ政治」や「記憶の戦争」と呼ばれる事態です。

このように考えると、「記憶の想起」と「忘却」がコインの裏表のような関係になっていることがわかります。

第二次世界大戦の直後は、ヨーロッパでも日本でも「ファシズムの過去との決別」が（戦勝国主導で）行なわれましたが、それが社会を分断し脆弱な新生国家を崩壊させかねないことに気づくと、現実的な対処法として「忘却」がこっそりと（あるいは堂々と）導入されました。ドイツや日本にとって幸運だったのは、冷戦と核戦争の恐怖によって（日本の場合は朝鮮戦争の勃発もあって）、アメリカにとっては敗戦国を過度に懲罰せず、経済援助によって自由主義陣営に組み込むことが喫緊の課題になったことでした。

しかしこの「忘却の政治」は、戦争を知らない世代が社会に参加しはじめた１９６０年代後半から揺らぎはじめます。欧米の植民地が次々と独立し、アイデンティティ（民族の物語）を模索するようになったこともあって、「過去の清算」と「記憶の想起」が（欧米中心の）国際社会で大きな関心を集めることになります。その象徴が従軍慰安婦問題で、日本はこの世界的なリベラル化の流れを完全に見誤ったことで、「歴史戦」で無残な敗北を喫することになりました。

しかしいま、その流れが大きく変わりつつあります。ロシアとウクライナや、イスラエルとパレスチナが戦争に至ったのは、双方が「記憶」に囚われ、憎悪の応酬を抑えるＤＤ化が不可能になったからでした。「和解」とは、一方が正義で、もう一方が悪になることではなく、双方がＤＤで手打ちすることなのです。

「記憶の政治」が行き着く先が戦争だとすれば、それを避けるには「忘却の政治」を受け入れるしかありません。しかし忘却を強制することは、犠牲者のアイデンティティの一方的な否定になってしまいます。このようにしてＤＤと善悪二元論は循環するのです。

だとすればわたしたちは、これからもＤＤと善悪二元論の微妙なバランスを取りながら、なんとかして社会の秩序を維持するよう、綱渡りを続けるしかなさそうです。この中途半端な結論に納得できないひともいるかもしれませんが、個人や集団、国家や民族、宗教の複雑な利害がからみあうこの世界は、本質的にＤＤなのです。

抑圧による平和か、戦争か

クリストファー・ブラットマンはアメリカの経済学者・政治学者で、内戦前のウガンダ、内戦後のリベリア、エルサルバドルのゲリラ、コロンビアの刑務所、シカゴのギャング団などを自ら調査し、暴力の原因を探りました。

そこからブラットマンが得た結論は、意外ではあるが、常識的なものでした。敵対する国家や組織が緊張関係にあっても、戦争はめったに起きないのです。その理由は戦争のコストがあまりに大きいからで、双方がそのことに気づいているので、緊張感が高まるとどちらかが（あるいは両者が）譲歩して合意点を探るのです。

ロシアとウクライナや、イスラエルとハマス（パレスチナ）の状況を見ればわかるように、それでも戦争は起きます。だからこそ、世界中の暴力を研究したブラットマンの結論は、「どのような理不尽な平和も、戦争よりははるかにマシである」でした。ブラットマンは「平和は必ずしも平等や公正を意味しない」として、次のように書いています。

一方の側が交渉を有利に進める強大な力を持っていれば、自国の利益に沿った条件を設定できる。弱い国は自国の影響力や利権がわずかしかないことに憤慨するだろうが、不本意でも従わざるを得ない。世界はこうした残酷だが平和な不公平にあふれている（クリストファ

Ｉ・ブラットマン『戦争と交渉の経済学　人はなぜ戦うのか』神月謙一訳／草思社）。

私は2024年3月末から4月はじめにかけて中国西部の新疆《しんきょう》ウイグル自治区を旅しましたが、これを新疆に当てはめれば、圧倒的に強い交渉力をもつのが中国共産党で、わずかな交渉力しかもたないのがウイグル人などの少数民族です。そしてこの力の非対称性によって、「残酷だが平和な不公平」が実現しているのです。

ブラットマンはこのリアリズムから、欧米の「ユートピア流アプローチ」で紛争地域に介入する危険性に警鐘を鳴らしています。シリア、リビア、イラクなどを見ればわかるように、こうした試みはうまくいっても平凡な結果にしかならず、悪くすれば大惨事につながるのです。

新疆ではいたるところに監視カメラが設置され、交差点ごとに警察署が置かれていました（しかも夜になると赤や黄色に派手に点滅します）。それ以上に強い印象を残すのは、モスクに中国の五星紅旗が掲げられ、町の大通りに正月飾りの赤い提灯や中国結び（赤い紐を結んだ縁起物）が延々と飾られていることです。

中国の新疆政策は欧米でも日本でも「人権抑圧」として強く批判されていますが、この強権と監視社会化によって治安が維持され、ひとびとの日々の生活が成り立っています。

現代社会はますます複雑化し、いたるところで利害が衝突しています。

リベラリズムの立場では、公正な第三者の立場で暴力を検証し、中立的な司法機関で加害と被害の割合を決め、加害責任に応じた被害者への賠償を行なうことで「和解」に導くべきだとされます。それに対して現実には、過度な責任追及は共同体の秩序を破壊するとして、「忘却」による解決が好まれてきました。――そして「ヒロシマ」に見られるように、自らの犠牲の記憶を神聖視することで、加害の歴史を忘却することも世界中で行なわれてきました。

しかし、「和解」も「忘却」も不可能なケースでは、どうすればいいのでしょうか。

私が新疆で目にしたのは、「抑圧」による平和の実現です。ウクライナやガザの悲惨な状況が日々報じられるなかでわたしたちが問われているのは、実現するはずもない空理空論を大きな声で唱えることではなく、「人権抑圧」と「戦争（内乱）」の選択肢しかないとしたら、どちらを選ぶのかという重い問いなのです。

Part 1

「正しさ」って何？リベラル化する社会の混乱

「完全な同意のとれるセックス」売買春を合法化しよう

2019年3月、性暴力をめぐる2つの司法判断に怒りの声が広がりました。

ひとつは福岡地裁久留米支部の判決で、テキーラの一気飲みで眠り込んだ女性と性交した男が準強姦罪に問われました。裁判官は、女性は酩酊《めいてい》し「抗拒不能（意思決定の自由を奪われ、抵抗することが困難な状態）」だったと認めたものの、明確な拒絶の意思がなく男性が「女性が許容している」と誤信してもやむを得ないとして無罪としました。

もうひとつは名古屋地裁岡崎支部の判決で、19歳の実の娘への準強制性交等罪に問われた父親に対し、「娘の同意は存在せず、極めて受け入れがたい性的虐待に当たる」としつつも、「抵抗不能だったとはいえない」として無罪を言い渡しました。

どちらも理不尽な判決であることはいうまでもありませんが、「故意がない行為は罰しない」が刑法の原則で、法律を厳密に適用すれば「誤解」でも故意は否定され得ると専門家は指摘します。福岡地裁の判決は、「刑法の拡大解釈は自分たちには任が重いので、法律を制定するか、上級審で議論してくれ」ということなのでしょう。

名古屋地裁の判決は「同意がない性行為でも抵抗しなければ罪には問われない」としましたが、これは「抗拒不能」が準強制性交罪の要件になっているからだとされます。こちらも、刑法を厳密に解釈すればこうならざるを得ないのでしょう。――2023年7月、刑法に不同意性交等罪、不同意わいせつ罪が加えられました。

しかしこれは、刑法を改正すれば解決する話ではありません。「同意なき性交は犯罪」とすれば女性の権利は守られるでしょうが、なにをもって「同意」と見なすかで混乱が起きるのは明らかだからです。

女性とベッドに入るたびに「性交同意書」に署名捺印《なついん》してもらうというのは、いくらなんでも非現実的です。そうなると男性は、身を守るために、女性とのやりとりを録音したり、性交場面をこっそり録画しようとするかもしれません。女性が「同意はなかった」と訴えたら、報復として動画をネット上に公開する……という事態もじゅうぶん考えられます。

しかしそれでも、世界の趨勢《すうせい》は性暴力にきびしく対処するよう求めており、日本もそれに追随することになりました。「同意」がないと刑務所に放り込まれ、なにもかも失ってしまうかもしれないとなったら、男性はどうするのでしょうか。

もちろん未来のことはわかりませんが、ひとつだけ確かなのは、「完全な同意のとれるセックス」への需要が高まることです。これは要するに「売買春」のことです。

「セックスワークでも性暴力は起きる」との反論があるでしょうが、従業員の安全は店(業者)

の責任です。プライベートな性暴力では女性が一人で矢面に立たされることを考えれば、ビジネスの方がずっと守られています。

だとすれば、まずやるべきは「売買春合法化」でしょう。性交をともなう風俗業も法の管理下に置き、従業員が安全にサービスを提供し、客がそれを楽しめるようにすれば、すくなくとも「同意」をめぐるやっかいな問題はなくなります。

もっともそうなると、さらに非婚化と少子化が進むことは避けられないでしょうが。

「性行為には相手の同意が必要」というけれど

2015年1月、アメリカ西海岸の名門スタンフォード大学で、深夜、キャンパスを自転車で横切っていた2人の大学院生が、芝生の上で若い女の上に男が覆いかぶさっているのを見つけました。2人が近づいて「大丈夫ですか？」と声をかけると、男は立ち上がって逃げ出しました。取り押さえられた男は水泳部に所属する1年生で、女性は大学を卒業したばかりでした。彼女のスカートは腰のあたりまでまくり上がり、下着を脱がされ、片方の乳房があらわになっていました。この2人は社交クラブのパーティで出会い、男子学生が会場の外に連れ出し、芝生の上で性行為に及んだのです。裁判の結果、男子学生は性的暴行によって禁錮6カ月の実刑を言い渡され、生涯にわたって性犯罪者として登録されることになりました。

前述のように、日本でも、刑法の性犯罪規定の見直しを議論してきた法務省の検討会で、「相手の同意がない性行為を処罰すべきだ」と意見が一致し、不同意性交等罪が刑法に加えられました。これは世界的な潮流で、欧米ではすでに「性行為には同意が必要」が徹底されています。ただし問題は、「同意のあるセックス」と「同意のないセックス」が明快に分けられるわけではないことです。

この事件がアメリカで論議を呼んだのは、当事者が2人とも泥酔していてほとんど記憶がなかったからです。女性はパーティに行く前にバーで友人たちと合流し、ウイスキーのショット4杯とシャンパン1杯を飲み、さらにパーティ会場でウォッカのボトルを見つけ、3、4ショット分（150ミリリットル）をストレートで一気飲みしました。これを最後に女性の記憶はなくなり、気づいたのは病院で、そこで警察から「性的暴行を受けた可能性がある」と告げられました。

男子学生も同様に大量の飲酒（ビンジドリンキング）をしており、裁判では女性が同意したと主張しましたが、話は首尾一貫せず、陪審員を納得させることはできませんでした。心証を悪くしたのは声をかけられたときに逃げたからで、そのまま寝入っていれば無罪だったかもしれません。そのときなにが起きたのかは、誰にもわからないのですから。

これは極端なケースですが、2015年にアメリカの大学生1000人を対象に行なわれた調査では、同意の定義が個人によって大きく異なることがわかりました。「自分の服を脱ぐ」は、男女とも「同意」と「同意でない」がほぼ半々に分かれました。「キスや愛撫などの前戯をする」は、男が「同意」30%（「同意でない」66%）、女は「同意」15%（「同意でない」82%）とかなりの開きがありました。

より困惑するのは「両者が明確な同意をしていない場合の性行為を性的暴行だと思うか？」の質問で、男の42%、女の52%が「（性的暴行だと）思う」とこたえたものの、「はっきりとわからない」が男で50%、女で42%もあったことです。これでは、性行為が終わってから、それが合意なのか性的暴行なのかを恣意《しい》的に決められることになり、トラブルが頻発するのも当然です。

性暴力や望まない妊娠を減らすために、「性行為には同意が必要」の原則は必要でしょうが、先行するアメリカがこの状況だと、日本がこれからどうなるのか前途多難の予感しかしません。

参考：マルコム・グラッドウェル『トーキング・トゥ・ストレンジャーズ「よく知らない人」について私たちが知っておくべきこと』濱野大道訳／光文社

リベラルがリベラルと対立する時代

リベラリズムとは、簡単にいえば、「誰もが自分らしく生きられる社会をつくるべきだ」という価値観ですが、それが世界を覆うにつれて利害が複雑に対立し、あちこちで紛争が起きるようになりました。２０２３年に加えられた不同意性交等罪も、そうした事例のひとつです。

それまでの刑法では、被害者の抵抗が「著しく困難」でないと罪に問えないと解釈され、「必死に抵抗した形跡がない」などの理由で無罪判決が相次ぎ、社会問題になりました。22年に法制審議会の部会に提示された法務省の試案では、従来の「暴行・脅迫」に加え、「アルコール・薬物を摂取させる」「予想と異なる事態に直面させて、恐怖・驚愕《きょうがく》させる」など処罰対象となる８項目を例示し、性犯罪により厳しく対処する方針が示されました。

議論が分かれたのは、「意思に反して」だけを構成要件とした「不同意性交罪」の扱いです。被害者団体などは、「相手を「拒絶困難」にさせて性交する」という要件が残れば、これまでと同様に、被害者が「拒絶」したかどうかを争うことになるだけだと主張しました。

それに対して刑事弁護を手がけてきた弁護士などは、「内心そのものを処罰要件にすると冤罪《えんざい》リスクはさらに高まる」「「意思に反し」という要件だけで性犯罪が成立するとなると、本来は同意があったのに、結婚の破談後に「同意していなかった」と訴えられるケースが考えられる」などと反論しています。

リベラルなメディアはこれまで、「極度の恐怖」を抱かせる暴力は受けていなかったなどとして同意のない性行為が無罪になった判決を、強く批判してきました。それと同時に、警察・検察の強引な捜査に対しては、「冤罪は一件たりとも許されない」と主張しています。

いずれもっともですが、問題は、性犯罪のような密室性の高い事件では、おうおうにして客観的な証拠を提示するのが困難なことです。その結果、「疑わしきは被告人の利益に」という刑事裁判の原則を徹底すると、性犯罪の被害者が泣き寝入りすることになってしまいます。とはいえ、「疑わしきは罰する」では、こんどは冤罪の温床になりかねません。

よりやっかいなのは、小児性犯罪の扱いです。子どもを性愛の道具として弄《もてあそ》ぶことが許されないのはもちろんですが、その一方で、子どもが親や大人の誘導によってたやすく記憶を変容させてしまうこともわかっています。アメリカでは1980年代に、子どもたちの証言だけで保育士を「悪魔崇拝」で逮捕し、長期刑に処した冤罪事件が起きました。

小児性犯罪は現代社会でもっとも忌むべきものとされ、その烙印を捺《お》された者は、殺人と同等かそれ以上のスティグマを負わされ、生涯にわたって社会的に抹殺されます。その影響を考えれば「冤罪はぜったいに許されない」はずですが、欧米では「児童虐待を厳罰に」という世論に押されて警察はあいまいな子どもの証言だけで容疑者を逮捕し、裁判所もそれを追認していると人権団体などから批判されています。

このようにして、社会のリベラル化が進めば進むほど、リベラル同士が対立するようになるのです。

参考：「『不同意性交罪』は見送り」朝日新聞2022年10月25日

「性交を金銭に換えるな」はエロス資本の搾取

なぜかほとんど指摘されませんが、AV女優という職業は、アジアでは日本にしか存在しませんでした（その後、台湾でもAV産業が誕生しました）。

世界価値観調査では、日本は一貫して、スウェーデンと並んで世界でもっとも「世俗的価値」の高い国になっています。わたしたちは、冠婚葬祭で複数の宗教を適当に使い分け、生まれ故郷をさっさと捨てて都市に集まり、伝統は歌舞伎や相撲などを娯楽として楽しむだけの究極の「世俗社会」に生きているのです。――日本人が北欧と異なるのは「自己表現価値」が低いことで、これが他者を気にする同調圧力（ムラ社会）を生みます。

世俗的な社会では、性を含むさまざまなタブーがなくなっていきます。スウェーデンは世界に先駆けてポルノ大国になりましたが、アジアでは日本がその地位を独占してきました。売春産業が発達した国はアジアにもありますが、日本以外では、若い女性がアダルトビデオに出演することなど考えられなかったのです。

マッチングサイトのビッグデータでは、パートナーとして同じ人種を（平均的には）好むことがわかっています。アジア系の男性は、アジア系の若い女性に魅かれるのです。

そうなると日本のAV女優は、たんに国内の市場だけではなく、中国・韓国・台湾や東南アジアを含む数億人規模の巨大市場に自分の魅力を売り込むことができます。アジアの男たちは、たとえ政治イデオロギーが「反日」でも、みんな彼女たちのお世話になっているのです。

地方の平凡な女の子でも、いまではAVへの出演を機に数万人や数十万人のフォロワーを獲得することが可能です（「フォロワー10万人でAV出演」などのプロモーションが盛んに行なわれています）。アジア中に自分のファンが広がるというのはとてつもないブルーオーシャンなので、〝夢〟を目指す女の子が次々と現われるのは不思議ではありません。

AV出演の背景には貧困や性暴力があるとして、「AV出演被害防止・救済法」が成立しました。もちろん悪質な業者が女性を搾取することは防がねばなりませんが、一連の報道で疑問なのは、ことさらにネガティブな事例（AV出演でトラウマが悪化した、など）を探し出し、AVが彼女たちに「自己実現」の機会を提供している事実を無視していることです。これが「公正な報道」なのか、きわめて疑問です。

イギリスの社会学者キャサリン・ハキムは、若い女性には大きなエロティック・キャピタル（エロス資本）があり、それをさまざまなかたちで活用していると論じました。すべての女性が知っているように、エロス資本は思春期とともに生じ、10代後半から20代前半で最大になり、30代半ばから失われていきます。

世の中には、エロス以外にマネタイズできる資本をもたない女性がたくさんいます。ハキムは、

〝愛〟という美名のもとに風俗業を否定し、この稀少な資本を無料で男に提供するよう強要することは「差別」だと批判しました。

「性交を金銭に換えるな」と主張する「フェミニスト」（その多くは大学教員や弁護士などのエリート）は、エロス資本を使って「自分らしく輝きたい」と願う（非エリートの）女性たちからなぜ人生の可能性を奪うのか、この問いに答えなければなりません。

参考：キャサリン・ハキム『エロティック・キャピタル すべてが手に入る自分磨き』田口未和訳／共同通信社

「子どもを性犯罪から守るために、どこまですべきなのか」問題

学校や保育園、児童養護施設などが、従業員の性犯罪歴をデータベースで確認する「日本版DBS（Disclosure and Barring Service）」の実現に向けて、こども家庭庁が法案を提出し、2024年6月に成立しました。

イギリスでは2002年、南東部のソーハムで、お菓子を買いに出かけた10歳の少女2人が行方不明になり、近くに住んでいた中等学校の管理人の男が、少女たちを家に誘い込んで絞殺した

として終身刑に処せられました。

この事件がイギリス社会を大きく揺るがせたのは、犯人の男がそれまでにも何度も性暴力の疑いをかけられていた人物だったからです。そのなかには、10代の少女らと性的関係をもち、そのうち1人が15歳で女児を出産したとして、3度にわたって警察に通報されたというものもありました。ところがこれは、女児たちが男との性交渉があったことを否定したため起訴できず、その後、18歳の女性をレイプしたとして逮捕された事件では、合意のうえだとの弁明を覆す証拠がなく起訴が取り下げられました。

当然のことながら、こうした行状は噂《うわさ》になり、男は解雇されて転居し、学校の管理人の仕事に就きました。ところがソーハムの住人たちは、男の過去についてなにも知らされていなかったのです。

男の危険性がわかっていれば、少女たちは殺されずにすんだとの強い批判を受けて、教育省は子どもと接する仕事に就けない人物のリストを作成し、その後、2012年にこの業務が政府から一定の距離を置く組織に移されDBSが発足します。

イギリスのDBSの特徴は、対象範囲が広く、チェックが厳しいことです。

日本版DBSでは、学校や保育所、学習塾など子どもと接する仕事に就く場合、「裁判所による事実認定を経た前科」を確認しますが、これはイギリスでは「基本チェック」にあたり、個人の自宅に商品を運ぶ仕事も確認対象になります。配送業者の従業員は配達先の個人情報を手にし、

「子どもが玄関のドアを開ける可能性もある」からだそうです。

「標準チェック」では犯罪歴に加え、警察からの戒告処分や警告処分なども確認されます。学校の教員や手術医など、「職業柄、子どもや脆弱な大人に直接関わり、権限を行使する」職業に就く者は「拡張チェック」によって、有罪になっていないような警察の懸念事項なども調べられます。この拡張チェックは現在、400万人が受けるように義務付けられています。

驚くのは、DBSに調査部門があり、雇用主から性加害の懸念が伝えられると、警察や関係者から情報を集め、その人物の就業を禁止できることです。半官半民の組織が、裁判のような司法手続きを経ずに、職業選択の自由を制限する大きな権力を与えられているのです。その結果イギリスでは、DBSは年間700万件以上の証明書を発行し、約8万人が子どもに関わる仕事に就くことができなくなっています。

社会がよりリベラルになり、子どもの数が少なくなるにつれて、小児性犯罪は「魂の殺人」とされ、いっさい許容されなくなりました。本家に比べれば日本版DBSの権限は微々たるものですが、日本も同じリベラル化の潮流にある以上、やがて社会の圧力によって巨大な組織になっていくかもしれません。

参考：「性犯罪歴などで就業制限　英国の『DBS制度』の今」朝日新聞2023年9月11日

同性婚でなぜ「社会が変わってしまう」のか？

2023年2月、首相秘書官が記者団に対して、「（同性のカップルが）隣に住んでいるのはちょっと嫌だ」「同性婚を導入したら国を捨てる人が出てくる」「（他の）秘書官も皆そう思っている」などと発言したと報じられ、更迭されました（24年6月、経済産業省通商政策局長に就任）。この秘書官は首相演説のスピーチライターを務め、「将来の経済産業事務次官候補」ともいわれていたことから、岸田文雄首相は釈明に追われました。

「失言」のきっかけは、首相が国会で、同性婚制度について「社会が変わってしまう課題」と述べて批判されたことでした。秘書官はこの発言を擁護しようとして、「あなたたちだって、本音では嫌だと思ってるんでしょ」と述べたようです。

同性愛者らに対して「彼ら彼女らは子供を作らない、つまり生産性がない」と雑誌に書いた衆議院議員が総務省の政務官に登用されるなど、「自民党政権は性的マイノリティに差別意識をもっているのではないか」とこれまでも批判されてきました。秘書官の発言はその懸念を裏づけたわけですが、深刻なのは、その後も本人はなにが問題なのか理解できていないことです（記者に対して「（私は）どっちかと言うと差別のない人間なので」などと繰り返し述べています）。

世界の価値観はますます「リベラル化」しており、欧米を中心に同性婚やパートナーシップの制度が整備されています。日本は2023年5月に広島で行なわれたG7サミットの議長国で、このままでは欧州の首脳から人権について批判されかねないと危惧《きぐ》した首相は、慌ててLGBT法案を議員立法で提出するよう指示しました。「怪我の功名」という表現が適切かどうかは別として、この「差別発言」によって逆に差別の解消が進むかもしれません。

ただ、この問題で気になるのは、同性婚でなぜ「社会が変わってしまう」のかをメディアが（たぶん）意図的に触れないことです。

夫婦別姓や共同親権も同じですが、日本の場合、家族制度にかかわる議論にはつねに「戸籍」がからんできます。戸籍というのは、その成り立ちから明らかなように、「天皇の臣民簿」です。日本の右派・保守派は、国民が天皇の臣民として戸籍に登録されることが、日本という国のアイデンティティだと考えています。

ところが、戸籍はイエごとに「氏《うじ》」をもつため、夫婦別姓になると異なる「氏」をひとつの戸籍に記載できません。子どもは（氏が同じ）親の戸籍に入りますが、離婚して共同親権になると、理屈のうえでは、氏が異なる親の戸籍にも子どもを記載しなければなりません（子どもは同時に2つの戸籍に登録されることになります）。

これらはいずれも、戸籍制度＝天皇制の基盤を大きく揺るがせます。同性婚の場合、氏が統一できれば戸籍上は問題なさそうですが、同性がイエを構成することを受け入れられない保守派は多そうです。

このように考えれば、岸田首相の発言はまさにこの問題の本質を突いています。首相秘書官も、「君たちリベラルなメディアも、そろそろ天皇制と戸籍制度について真剣に論じるべきではないか」とその真意を解説すれば、評価は大きく変わったことでしょう。そうした才覚のある秘書官を選べなかったことが、首相の自業自得ともいえますが。

参考：「更迭の荒井首相秘書官『同性婚、社会変わる』発言要旨と詳報」毎日新聞2023年2月4日
遠藤正敬『戸籍と国籍の近現代史　民族・血統・日本人』明石書店

同性婚を「類似の制度」で認めることは「不当な人権侵害」なのか

同性婚を認めない民法や戸籍法の規定が憲法に違反するとして、3組の同性カップルが国に損害賠償を求めた訴訟で、2022年6月、大阪地裁は「違憲とはいえない」と原告の訴えを退けました。

この判決で興味深いのは、「婚姻は、両性の合意のみに基づいて成立」とする憲法24条1項が、

「明治民法下の封建的な家制度を否定し、婚姻は当事者間の合意だけに委ねられるとした」ものだと述べながらも、「両性」とは英語原案の「both sexes」の翻訳で、「（婚姻が）異性間であるものであることが当然の前提」だったとしたことです。この英語原案はGHQがつくったものなので、日本国憲法がアメリカから敗戦国の日本に与えられたものであることを裁判所が認めたという意味で「画期的」かもしれません。

判決では、同性カップルが法制度の保護を受けられないことで不利益を被っていると認定しつつも、「婚姻類似の制度やその他の個別的な立法」で解消可能で、どのような制度が適切かは民主的な議論で決めるべきだとしました。これについて原告らは「「類似の制度」では差別と同じ」「不当な人権侵害で、本当に悔しい」などと述べ、多くのメディアも「不当判決」という論調です。しかし、「類似の制度」というのはそんなに悪いアイデアでしょうか。

日本における婚姻とは、戸主（筆頭者）の戸籍に配偶者（ほとんどは女）が入って新たにイエを構え、「天皇の臣民」として登録されることです。これは明らかに天皇を頂点とする身分制社会の遺制で、だからこそ「日本人＝天皇の臣民」だとする保守派・伝統主義者は、どんなことをしてでも戸籍制度を守ろうとするのです。

保守派が同性婚に反対する真の理由は、戸籍の「配偶者」欄に同性の者が記載されると「イエ制度」が崩壊すると恐れているからでしょう。夫婦別姓（別氏《べつうじ》）に関する議論では、戸籍の「氏」は血縁集団の名称で、そこに異なる「氏」が入ってくることは制度上、あり得ないとされます。

共同親権も同じで、子どもがどちらかの戸籍に入ったまま両親に「親権」を認めれば、「ほんとうの（戸籍上の）親」と「形式上の親」とのあいだで差別が生じることは避けられないでしょう。

このように日本の場合、夫婦や親子など家族にかかわる問題にはつねに「戸籍」がかかわってきます。それにもかかわらず「夫婦別姓／同性婚は当然だ」と主張するリベラルなメディアは、天皇制の話になると面倒だという理由から、意図的にこの本質から目を逸らせ、「きれいごと」だけをいっているのです。

このような戸籍制度は世界でも日本にしかありませんが、市民社会を個人ではなくイエによって管理しようとするこの古い制度をどのようにリベラルな価値観に合わせていけばいいのでしょうか。ひとつの試案として、相続や子どもの権利などは婚姻と同等の法的保護を保障され、その一方で夫婦別姓や同性婚を許容する、戸籍制度とは別の「カジュアルな事実婚（パートナーシップ）制度」をつくるのはどうでしょう。

この「類似の制度」が婚姻より便利なら、異性愛者のカップルもこちらの方を使うようになり、戸籍制度は形骸化して、たんなる「伝統」になっていくのではないでしょうか。

参考：「同性婚認めぬ法律『合憲』」朝日新聞２０２２年６月21日

「日本人はできない」という自虐史観から決別しよう

２０２４年３月、同性婚を認めないのは憲法に反するとした訴訟で、札幌高裁が違憲の判断を下しました。

憲法24条では婚姻について、「両性の合意のみに基づいて成立する」としていますが、判決では、目的も踏まえて解釈すれば「人と人との自由な結びつきとしての婚姻を定めている」として、同性間の婚姻も異性間と同じ程度に保障されるとしました。

「法の下の平等」を定めた憲法14条についても、異性間の婚姻は認めているのに同性間には許さないのは「性的指向を理由とした合理性を欠く差別的取り扱い」だと述べています。さらに、同じ日に行なわれた東京地裁の６件目の裁判でも、現行制度は「違憲状態」と判断されており、最高裁もこうした判断を覆すのは難しいでしょう。

夫婦別姓については、最高裁はいまも合憲の判断を維持していますが、２０２１年には裁判官15人のうち４人が「不当な国家介入」などとして違憲の理由を述べており、徐々に外堀が埋まってきています。また労働者の待遇格差についても、「同一労働同一賃金」の原則が徹底され、合理的な理由がなく、たんに「非正規だから」「契約社員だから」などの理由で手当や有給休暇を提供しないのは違憲と判断されています。

日本社会の価値観も世界と同じくリベラル化しており、世論調査では国民の過半数が同性婚や夫婦別姓を支持していて、とりわけ若者層では8割に達しています。「自分らしく生きる」ことが至上の価値とされる社会では、ジェンダーや性的指向を理由に個人のアイデンティティを否定することはものすごく嫌われるのです。

日本は近代のふりをした身分制社会なので、いたるところに先輩／後輩の序列と、正規／非正規のような「身分」が出てきて、敬語や謙譲語は目上／目下が決まらないと正しく使えません。しかしこれではどんどんグローバルな価値観から脱落し、「ネトウヨ国家」になってしまいます。

興味深いのは、日本では政治家がリベラル化の潮流をほとんど理解していないのに対して、司法が牽引して社会を変えつつあることです。これは法律家が、合理的に説明できないものを支持できないからでしょう。

同じ仕事をしているのに待遇が違うのはおかしいとの訴えに、「あなたの身分が低いから」とはさすがにいえないでしょう。同性婚を認めると社会が壊れるといいますが、同性婚を認めた多くの国で問題なく社会が運営されていることを説明できません。

保守派はこれまで、歴史教科書の「自虐史観」をきびしく批判してきました。しかしなぜか、「海外でふつうに行なわれていることが、日本人にはできない」という自虐的な主張をして同性婚や夫婦別姓に反対しています。

これは保守派にかぎった話ではなく、ウーバーなどのライドシェアは世界中で使われているのに、なぜか日本では「犯罪が多発する」とされています。さらに世界では共同親権が主流になっているのに、改正民法が成立して日本での導入が決まっても、リベラル派は元夫によるＤＶの温床になると批判しています。日本人は犯罪者で、日本の男が暴力的というのは、控え目にいっても差別・偏見の類でしょう。

世界のひとたちがふつうにやっていることは、日本人だってできるでしょう。そういう常識に基づいて、合理的な社会をつくっていきたいものです。

トランスジェンダーの五輪選手が象徴する「リベラル化」の光と影

２０２１年に開催された東京五輪の重量挙げ女子87kg超級に、男性から女性に性別変更したトランスジェンダーの選手がはじめて出場しました。

ニュージーランド代表のこの選手は、10代から男子として国内大会に出場、23歳でいったん競技から離れたあと、30代半ばに性別適合手術を受けて女性として競技に戻りました。２０１７年に世界選手権で銀メダルを獲得、43歳にしてオリンピック出場の夢をかなえたことになります

（結果は3回の試技をいずれも失敗して記録なし）。

多様性の尊重を掲げる五輪を象徴する話ですが、この〝快挙〟がすべてのひとから歓迎されているわけではありません。

トランスジェンダーの重量挙げ選手は、試合に出るたびにライバルから抗議され、他国選手団からは出場資格の取り消しを求められました。女性の権利を擁護する地元ニュージーランドの団体は、「「男性」が女性の機会を奪っている」と批判しています。

ＩＯＣ（国際オリンピック委員会）のガイドラインでは、「女子」選手は男性ホルモンのテストステロン濃度が一定の値より低くなければならず、重量挙げ選手はこの基準をクリアしています。とはいえ、男性では思春期にテストステロン濃度が急激に上がり、それが骨格や筋肉の発達を促進するので、それ以降に性別適合手術を受けたとしても「生物学的性差」の大きな優位性は残るとの主張には説得力があります。

ＩＯＣはトランスジェンダー女性の五輪参加を支持するコメントを出す準備をしていましたが、一部の競技団体からの反発で発表を見合わせました。この流れが続けば、いずれは「女子」競技は身体能力に優れたトランスジェンダー女性に席捲《せっけん》されてしまうという不安を払拭できなかったのでしょう。

リベラルな社会では、「すべてのひとが自分らしく生きるべきだ」という理想が追求されます。人種・民族・性別・国籍・身分・性的指向など、本人の意思では変えられないものを理由とした差別が許されないのは当然のことです。「リベラル化」が、総体としては、社会の厚生（幸福度）を大きく引き上げたことは間違いありません。

しかし、価値観の異なるさまざまなひとが「自分らしく」生きようとすれば、あちこちで利害が衝突し、人間関係は複雑になっていきます。政治は利害調整の機能を失って迷走し、行政システムはあらゆるクレームに対応するために巨大化し、法律は誰にも理解できないほど複雑になっていくでしょう。

このようにして、すべてのひとが「自分らしく」生きられる社会を目指そうと努力すればするほど、社会のあちこちで紛争が起き、「生きづらさ」が増していくという皮肉な事態になります。五輪のトランスジェンダー問題は、その典型的な事例でしょう。

ますます「リベラル化」が進む社会では、「自分らしく」生きるという特権を享受できるひとたち（エリート）と、「自分らしく」生きなければならないという圧力を受けながらも、そうできないひとたちに社会は分断されていきます。これは「リベラル化」の必然なのですから、「リベラル」な政策で解決することはできません。

光が強ければ強いほど、影もいっそう濃くなるのです。

参考：「多様な性問いかける」朝日新聞2021年8月2日 「競技の公平性か人権か」日本経済新聞2021年8月2日

メディアはなぜ、トランスジェンダーと敵対するフェミニストについて触れないのか?

２０２３年10月、トランスジェンダーが戸籍上の性別を変える際に必要とされていた「生殖能力を失わせる」手術の要件を、最高裁が違憲と判断しました。近年、日本の司法はグローバルスタンダードに判断を合わせる傾向がありますが、これもそうした「リベラル化」のケースと考えていいでしょう。

ただし判決では、「生殖腺がないか、その機能を永続的に欠く」という生殖不能要件を不要としたものの、「変更する性別の性器に似た外観を備えている」という外観要件については十分に審理が行なわれていないとして、高裁に差し戻しました。――24年7月、広島高裁は差し戻し審で、男性から女性への性別変更に性器切除を一律に求めるのは「過剰な制約」だとして、性別変更を認める判断をしました。

(生物学的には女として生まれたが性自認が男の)トランス男性は、これまでも男性器の形成を求められておらず、生殖不能要件を否定した最高裁の判決によって、身体に大きな負担のかかる手術なしで「自分らしい」ジェンダーで生きることができるようになりました。

これには多くのひとが同意するでしょうが、メディアは「トランスジェンダー問題」の核心に触れるのを避けているようです。トランスジェンダーの権利を否定するのは頑強な保守派とされていますが、リベラル対保守のわかりやすい対立の構図では、手術なしのジェンダー移行に強硬に反対しているのが（一部の）フェミニストであるという事実が理解できません。「反トランスジェンダー」の活動家は、「トランス排除的ラディカルフェミニスト（TERF：ターフ）」という蔑称で呼ばれています。

TERFは左派（レフト）なので、すべてのひとが「自分らしく」生きることを当然としています。それにもかかわらずなぜトランスジェンダーと敵対するかというと、手術なしのジェンダー移行が女性（とりわけ10代の少女など）への性暴力の脅威になると考えているからです。

これは逆にいうと、女性に対する脅威がなければ、トランスジェンダーの権利は完全に認められるということです。トランス男性（その多くは元レズビアン）の場合、性自認が女から男に変わったとしても、性暴力の脅威が増すことはありません。

（生物学的には男として生まれたが性自認が女の）トランス女性でも、性的指向が男性（ゲイ）なら、ジェンダー移行後は「異性愛者」になるので、女性にとってなんの脅威もありません。トランス男性と「異性愛者」のトランス女性は、TERFにとっては「問題」ではないのです。

だとしたらどこで揉めるかというと、トランス女性のなかに、結婚して子どもを何人もつくったあとに自分のアイデンティティが「女」であることに気づくひとたちがいることです。こうしたケースを研究者は、「オートガイネフィリア（自分に向けられた女性への愛）」と名づけました。オートガイネフィリアは学問的に確立された概念ではなく、この言葉を使うこと自体が「トランス差別」とされることもありますが、トランス女性のなかに性的指向が（おそらく）女性の「同性愛者」のタイプがあることは否定できません。

更衣室や公衆トイレが欧米で深刻な論争になっているのは、トランスジェンダーすべてではなく、オートガイネフィリアが「悪魔化」されているからです。この事実を「差別」や「偏見」として黙殺するのではなく、そろそろ日本のメディアも、この難しい問題についてちゃんと論じるべきでしょう。

参考：アリス・ドレガー『ガリレオの中指　科学的研究とポリティクスが衝突するとき』鈴木光太郎訳／みすず書房

「他人を傷つけるような表現は許されない」は正しいのか？

あいちトリエンナーレ２０１９の企画展「表現の不自由展・その後」がわずか３日間で中止されました。慰安婦像や昭和天皇をモチーフにした映像作品を展示したことが政治家などから批判され、脅迫行為にまで発展したためと主催者は説明しています。

この事件に関してはすでに多くが語られているので、ここではすこし別の視点から考えてみましょう。それは「共感」です。

前提として、「表現の自由」はもちろん守られるべきですが、「どのような表現でも許される」などということはありません。「そんなことはない」というのなら、バナナを持ったオバマ元大統領のイラストをネットにアップして、「表現の自由だ」といったらどんなことになるか試してみればいいでしょう。

リベラルな社会には暗黙の、しかし厳然たる「ポリティカル・コレクトネス（PC／政治的正しさ）」のコードがあります。マイノリティを侮辱したり、攻撃したりするような「PCに反する表現」は事実上、禁じられているのです。

問題は、PCのラインがどこに引かれているのか、誰も納得のできる説明ができないことにあります。その代わり、「他人を傷つけるような表現は許されない」という「共感の論理」が使われます。バナナを持つオバマ元大統領のイラストは、世界じゅうの黒人を侮辱し、傷つけるから「表現の自由」の範囲には入らないのです。

ここまでは、極端な「自由原理主義者」を除けば、すべてのひとが合意するでしょう。しかしこの論理を拡張していくと、たちまち広大なグレイゾーンにぶつかることに気づきます。

社会が「リベラル化」するにつれて、女性や障害者、LGBTなどへの侮辱は許されなくなりました。しかしそうなると、「日本人」への侮辱はどうなるのでしょう？

　慰安婦像の展示に憤慨しているひとたちは、「日本人」であることを侮辱され、傷ついたと主張しています。だとしたら「表現の不自由展」を擁護するひとたちは、なぜ黒人や女性を侮辱することは許されないのに、自分が「日本人」であることに強いアイデンティティをもつひとたち（日本人アイデンティティ主義者）を侮辱することなら許されるのか、その理由を彼ら／彼女たちが納得するように説明しなければなりません。

「日本人は日本社会ではマジョリティだ」というかもしれませんが、日本人アイデンティティ主義者の自己認識は、「慰安婦問題や徴用工問題のような80年以上前の「歴史問題」で攻撃され、差別されているマイノリティ」です。「日本人を侮辱しているわけではない」という反論は、「黒人を差別しているわけではない」という白人至上主義者の主張と区別できません。欧米のイデオロギー対立も同じですが、こうした議論は感情的な対立を煽り、双方の憎悪がとめどもなく膨らんでいくだけです。

　だとしたら問題は、「他人を傷つけてはならない」という「共感の論理」にあるのではないでしょうか。

「共感」とは無関係に「表現の自由」を定義できるなら、「傷ついた！」という人が現われても、「それは自由な社会を守るためのコストだ」と説明できます。もっとも、そのような明確な基準がないからこそ、世界じゅうでＰＣをめぐる混乱が起きているのでしょうが。

参考：橘玲『世界はなぜ地獄になるのか』小学館新書

平手打ち事件をポリティカル・コレクトネスで考える

２０２２年3月のアカデミー賞授賞式で、俳優のウィル・スミスがプレゼンターをしていたコメディアンのクリス・ロックを平手打ちしたことで、百家争鳴ともいえる論争が起きました。この椿事《ちんじ》が注目を浴びたのは、近年、大きな影響力をもつようになった「ポリティカル・コレクトネス／ＰＣ」のさまざまな矛盾が集約されているからでしょう。

まず、表現の自由と差別・偏見の問題。スミスの妻ジェイダ・ピンケットは脱毛症を公表していますが、ロックは映画『Ｇ．Ｉ．ジェーン』でデミ・ムーアが頭髪を剃っていたことにひっかけて、「愛しているよ、ジェイダ。『Ｇ．Ｉ．ジェーン2』で君を見るのを楽しみにしている」と、彼女の短髪をからかいました。

この発言に会場が笑いに包まれたように、出席者の多くはジョークと思ったのでしょう。ところがスミスは、妻の病気を笑いものにされたと激怒したのです。

ＰＣのルールでは、「弱者を傷つけるような言動は許されない」とされます。その一方で、コメディアンは笑いをとるのが仕事です。ロックはこれを許容範囲内のジョークだと思い、スミスはそう思わなかったわけですが、だとしたらその境界線は誰がどのように決めるのでしょうか。

２０２２年のアカデミー作品賞は、聴覚障害の家族を描いた『コーダ　あいのうた』に与えられました。病気を揶揄するロックの発言は、「脱毛症とは知らなかった」で免責されるようなものではなく、アカデミー賞にとって重大な問題です。

次に、正義と暴力の問題。妻を侮辱されたと思ったスミスは、彼女をかばうために、自らの手で「正義」を執行しました。法治国家では、紛争解決の方法としての暴力は、法によるもの以外はすべて否定されます。ところがハリウッド映画は、むかしもいまも、主人公の私的な暴力が悪を打ち負かす物語ばかりをつくってきました。その結果、アカデミー賞の場でハリウッド映画のヒーローのように振る舞う俳優が登場したのです。

それ以上にやっかいなのは、人種とジェンダーの問題です。ＰＣの世界観は、マジョリティ（アメリカでは白人／男性／健常者など）を「加害者」、マイノリティ（黒人／女性／障害者など）を「被害者」としてきました。この事件が、白人の司会者が黒人女性の障害をジョークのネタにしたり、妻を侮辱された（と思った）白人俳優が黒人のコメディアンを平手打ちにしたのなら、話はよりシンプルだったでしょう。

ところが、関係者全員が（マイノリティである）黒人であることで、誰を批判し、誰を擁護していいのかわからなくなってしまいました。とはいえ、「黒人だから」という理由で扱いを変えるとしたら、それは「人種主義（レイシズム）」そのものです。

最後にもうひとつ。ウクライナではいまだに残酷な戦争が続いていますが、セレブリティのスキャンダルは、大衆の関心を一挙に変えてしまう効果があることもよくわかりました。

皇族の結婚騒動が示す「地獄とは、他人だ」

眞子さま（小室眞子さん）の結婚問題で宮内庁は、婚姻届を提出しても皇室伝統の儀式・結婚式・披露宴は行なわず、皇室を離れる際に支給される一時金も辞退するという異例の対応を発表するとともに、眞子さまが「誹謗《ひぼう》中傷と感じられる出来事」を長期間繰り返し体験したことで「複雑性ＰＴＳＤ」を患っていると説明しました。

これについて押さえておくべきは、そもそも憲法で、婚姻は「両性の合意のみに基いて成立」すると明記されていることです。「皇族は憲法の適用外」という規定はなく、母親の借金を子どもが解決しなければ結婚は認められない、などということがあり得るわけがありません。

それにもかかわらず、メディアは一貫して「親の不始末は子どもの責任」という奇怪な論理でこの結婚に反対し、それに加えて新郎となる男性の〝態度〟が悪く、このままでは幸福になれないなどと主張しました。当事者同士の合意を否定し、自分たち（なんの関係もない第三者）が気に入った相手との結婚しか許さないというのは常軌を逸していますが、「平和憲法を死守せよ」と頑強に主張してきた「リベラル」なメディア（やその子会社の媒体）ですら、こうした記事・番組を平然とつくりつづけたのです。

それに輪をかけて不思議なのは、ふだんは「人権問題」に素早く反応し、ときに国会前でデモを行なったりする「人権派」が、婚姻の自由を全否定され、法を犯したわけでもない私人がさらし者にされる異様な事態に対してずっと沈黙していることです。この明白な人権侵害に抗議できないとしたら、これまでの立派な活動はいったい何だったのでしょう。

さらなる疑問は、「皇室を守る」と一貫して主張してきた右翼・保守派が、皇族への理不尽きわまりないバッシングに抗議しないばかりか、批判の先鋒となってメディアやネットに登場していることです。

ここからわかるのは、彼らが守ろうとしてきたのは「理想の家族」としての皇室で、そこから外れるものはいっさい許容しないという偏狭さです。その背後には、（かつては「欠損家庭」といわれた）母子家庭への差別意識も垣間見えます。

今回の事態の現代的な特徴は、結婚問題の記事がネットにあがるたびに、罵詈雑言にちかい膨大なコメントが殺到することです。そこには、皇族を国民の「奴隷」としていっさいの人権を認めないとか、「上級国民」としてのすべての〝特権〟の剝奪を求めるものなど、極端な意見があふれています。これを日々読まされて、精神的な打撃を受けないと考える方がどうかしています。

これをまとめると、メディアは皇族のスキャンダルで商売したい、あるいは結婚に反対している高齢者層の反感を買いたくないため身動きがとれなくなり、リベラルは「皇族の問題に触れると面倒くさい」と考え、右翼・保守派はネット民といっしょになって「皇室の破壊」に邁進《まいしん》したということになるでしょう。この状況を見て、将来、皇室の一員になろうと考えるまともな男／女がはたして現われるでしょうか。

フランスの哲学者ジャン＝ポール・サルトルは、「地獄とは、他人だ」と述べました。そのことがよくわかる、なんとも後味の悪い事態になりました。

ヘイトコメント対策にAIを使うのは責任をとりたくないから

皇族の結婚をめぐる一連の騒ぎは、メディアの煽情的な報道だけでなく、ネットやSNSが抱える問題も浮き彫りにしました。

典型的なのは、大手ポータルに掲載された『眞子さん、一番大きな不安は「誹謗中傷が続くこと」一文書で回答』という新聞社配信の記事に「誹謗中傷」の投稿が殺到して、コメント欄が非表示にされたケースです。

このニュースポータルはコメント欄設置について、「ユーザーのみなさまが発信主体となることで新しい価値が生まれると信じています」とその意義を述べつつも、「人権侵害や差別に当たりうる投稿は一切許容していません」と強調しています。

しかし現実には、皇族についての記事には毎回数千件ものネガティブなコメントが投稿され、当事者が「恐怖を感じた」と述べ、精神に不調をきたしているにもかかわらず、私人になって以降も同様の状態が続いています。

これを放置できないことはニュースポータル側も気づいているようですが、その対応は「AI（人工知能）が判定した違反コメント数などの基準に従い、コメント欄を自動的に非表示とする」というなんとも奇妙なものです。なぜここでAIが出てくるのでしょうか？

AIがチェスや将棋ばかりか、「もっとも難しいゲーム」とされた囲碁でも世界トップ棋士を破ったことは世界じゅうを驚愕させました。すでに医療現場では、エックス線やCTなどの放射線画像診断を高い精度で行なうなど、大きな成果をあげています。

とはいえ、AIがなんでもできるわけではありません。投稿のなかから差別語や猥褻《わいせつ》語を抽出するだけなら簡単でしょうが、こうした単純なルールは投稿者がすぐに学習し、一見、中立を装って、あいまいなニュアンスによって攻撃する「嫌味な」表現を使うようになります。現時点で、これを判定できる高度なAIは存在しません（もし可能なら、そのAIは人間と変わらなくなってしまいます）。

だったらなぜ、（できもしない）ＡＩに判定させようとするのか。それは、人間がコメント欄の削除を行なった場合、誰がどのような基準で決めたのかの説明責任が生じるからでしょう。「Ａの表現はＯＫでＢの表現はＮＧ」のような整合性のあるルールがつくれるわけもなく、泥沼に陥るのは目に見えています。

それに対してＡＩの機械学習には、どのような基準で判断したのかわからない「ブラックボックス」という特徴があります。これなら「なぜ削除したのか」の抗議に対して、「ＡＩの判定なので説明は不可能」と回答できて都合がいいのです。

とはいえこれは、ニュースポータルだけを批判すればいい話ではありません。コメント欄をアクティブにするかどうかは記事の配信側で決められるので、誹謗中傷の投稿を予想して、あらかじめコメント欄を閉じておくこともできるはずです。

ところが、多くのコメントが集まる記事はその分だけ閲覧数が増えます。ニュースポータルも配信者もできるだけアクセス数を稼ぎたいので、けっきょく「人権」は建前だけになり、誹謗中傷にさらされている者のことなどどうでもよくなってしまうのでしょう。

ムラ社会を批判しながら、ムラ社会的連帯責任を正当化するひとたち

2024年1月、アメリカンフットボール部の部員3名が大麻など違法薬物の所持で逮捕されたことで、日本大学が廃部の方針を示しました。これに対して、複数のアメフト部員が廃部の撤回を念頭に、大学側と話し合う場を設けるよう要望書を提出したと報じられました（1月に正式廃部後、元部員や新入生の受け皿となる後継組織が5月中旬に練習開始）。

ここからわかるのは、大学側が当事者であるアメフト部の部員と話し合うことすらなく、一方的に廃部を決め、違法行為とは関係のない学生に連帯責任を負わせたことです。

「これは氷山の一角で、まだまだ不祥事が出てくる」との意見もありますが、たとえそうであっても、徹底的な調査によって、違法行為をした者に一定の処分を科せばいいことです。そもそも大麻は、欧米諸国では合法化が進み、もはや問題になることすらありません。そのことを脇に置いたとしても、教育機関としての大学の役割は、学生を罰することではなく、良識ある社会人になるよう更生させることでしょう。

アメフト部のガバナンスが崩壊しているのなら、部員たちが夢を目指して一丸となれる組織を

つくるのが管理者の責任です。廃部以外に事態を収拾できないのなら、責任をとるべきは能力のない大学管理者の方でしょう。

こんなことは当たり前だと思うのですが、驚くべきは、「リベラル」を自称しているメディアが廃部の撤回を求めず、「被害者は学生」などといいながら、被害者を罰する連帯責任を「しかたない」と容認していることです。

ある新聞は、廃部は「臭い物にふた」だと批判しながらも、「「廃部しか世論の理解が得られない」（日大関係者）状況にした責任は重い」として、大学の執行部に再発防止策を含む改善計画の実行を求めています。しかし、この「世論」はいつ、誰が、どのように決めたのでしょうか。日大の学生やアメフト部ＯＢなどが廃部を求める運動を起こし、多くの賛同者を得たというのなら「世論」といえるでしょうが、そんな事実はどこにもありません。それとも、日本社会はYahoo!ニュースのコメント欄に従うしかないと思っているのでしょうか。

江戸時代の「五人組」制度を例にあげるまでもなく、もともと連帯責任は、無関係の者まで罰することで、同調圧力によってムラ社会を統治する仕組みでした。日本社会ではずっと必要悪とされてきましたが、近代社会は自由で自立した市民によって形成されるのですから、犯したわけでもない罪で罰せられることなどあっていいはずはありません。

３００万人にもおよぶ膨大な死者と、広島・長崎への原爆投下で悲惨な敗戦を迎えると、前近代的なムラ社会を脱すべく、自由と民主主義がさかんに称揚されました。それを主導したのが

「戦後リベラル」ですが、80年ちかくもそんなことをやってきて、挙句のはてが「連帯責任はしかたない」では、これまでの立派な主張はすべて方便だったのかといいたくなります。

1930年代の日本の新聞は、中国での軍部の暴走を批判しつつも、「今回はしかたない（このようなことが二度と起きないようにせよ）」と侵略を正当化してきました。これによって日本は抜き差しならない状況になり、アメリカと開戦すると、あとは「鬼畜米英」の翼賛報道一色になったのです。

残念なことに〝リベラル〟メディアは、もはやこんな歴史すら記者に教えていないようです。

メディアの「説明責任」はけっきょくこういうこと

東京高検検事長が新聞記者宅で賭け麻雀に興じていたことが発覚して辞職した事件（2020年5月）で、産経新聞と朝日新聞がそれぞれ参加した社員に停職1カ月の処分を発表しました。これに対して、「賭け麻雀で逮捕・書類送検された有名人もいるのになぜ違法行為で処罰されないのか」「一方の当事者が辞職しているのに社内処分が軽すぎるのではないか」などの批判がありますが、これはとりあえず脇に置いておきましょう。

メディアの対応としてきわめて疑問なのは、両新聞社とも、事件発覚後にいちども記者会見を開かず、取材を拒否していることです。自分たちは常日頃、政府や行政、大企業に対して「説明責任」を声高に求めているにもかかわらず、自らの説明責任を平然と放棄するのはダブルスタンダードの極みでしょう。

ここで、「記者会見はやっていないとして、なぜ取材拒否しているとわかるのか？」との疑問があるかもしれません。その理由は、週刊プレイボーイ編集部を通じて、私が両新聞社に取材を申し込んだからです。

それに対して朝日新聞からは、以下のふたつの理由でインタビューを受けられない旨の回答がありました。

（1）賭け麻雀をした社員を厳正に処分しており、社としての経緯や見解も公表している。

（2）取材先との向き合い方など報道倫理に関して見直しを進めており、ホームページでの公表を予定している。

そのうえで「今後も報道機関として説明責任を尽くしてまいります」とのことですが、これで納得するひとはどれほどいるでしょうか。これまで朝日新聞がやったことは、「社内で調査した」「社内で処分を決めた」「社内で改善策を検討している」だけで、外部からのチェックはまったくありません。

不祥事を内輪で適当に処分し、「改善しました」と発表するだけで済ませることを、これまでメディアはさんざん批判してきたはずです。これが許されるなら、モリカケ問題や「桜を見る会」の疑惑も、第三者機関による検証など不要で、政府が内部で調査したのだからそれで十分ということになるはずです。

しかしそれでも、朝日新聞はまだマシです。産経新聞からは、次の一行がＦＡＸで送られてきました。

「インタービュー（原文ママ）取材はお断りさせていただきます」以上です。

これは自らの説明責任自体をはなから放棄しているという意味で、逆に一貫しています。そしてもうひとつ強調しておかなくてはなりませんが、このような傲慢《ごうまん》な態度がとれるのは、他のメディアも同じ穴の狢《むじな》で、自分たちを批判できるわけがないと高をくくっているからです。その意味では、日本のすべてのメディアが同罪です。

唯一の収穫は、今後、不都合な取材を受けたときにどのような対応をすればいいか教えてもらえたことです。個人的には、産経新聞の「インタ、ー、ビ、ュ、ー、拒否」をテンプレにすることをお勧めします。

安倍元首相銃撃事件でメディアが隠したこと

不気味なことが起きたとき、ひとは無意識のうちに、その原因を探します。なぜなら、理由もなく襲ってくる脅威ほど恐ろしいものはないからです。

科学の知識がなかった時代（人類が生きてきた大半）では、天変地異は神の怒りであり、感染症などの病気は悪霊の仕業でした。そして、神の機嫌を損じたり、呪術をかけた相手を特定し、その「悪」を罰することで世界に秩序をもたらそうとしてきたのです。

大量殺人や要人の暗殺のような異常な事件が起きると、ひとびとは不安になります。そこでメディアは、わかりやすいストーリーを探し出してきて、視聴者や読者の要望に応えようとします。

秋葉原で起きた無差別殺傷事件では「非正規雇用」、京都のアニメ制作会社が放火され約70人が死傷した事件では「孤立」、元首相暗殺では「カルト宗教」が事件の原因だとされています。

もちろんこれは、いずれも重要な背景ではあるでしょう。しかし当たり前ですが、非正規雇用の若者や孤立した中高年男性はたくさんいるものの、ほとんどのひとは犯罪とは無縁の生活をしています。「カルト宗教」にしても同じで、信者や、ましてや家族が犯罪にかかわることはきわめて稀でしょう。

報道で気になるのは、特定の宗教を「悪魔化」することで、その信者や関係者までが「悪」のレッテル（スティグマ）を貼られてしまうことです。もちろん建前のうえでは「（洗脳された）信者は被害者」ということにされていますが、これはたんなる方便で、「気味の悪いひとたち」という暗黙のメッセージが連日、大量に流されています。

旧統一教会（世界平和統一家庭連合）は、1990年代はじめに有名芸能人や新体操選手が合同結婚式に参加を表明したことで社会的事件になり、「洗脳」や「カルト」という言葉が広く知られることになりました。その後、オウム真理教による地下鉄サリン事件が起き、「カルトは恐ろしい」という認識が定着します。

「カルト」が社会からの排斥を意味するようになると、信者の親はなんとしても子どもを取り戻したいと思います。その結果、支援者の協力を得て、信者を強引に拘束して「脱洗脳」する事例が出てきました。それで社会復帰できればいいのですが、現実には人間の心をそう簡単に書き換えられるわけもなく、教団に戻らないように家族が子どもを監禁する事態に至ることもあります。

ジャーナリストの米本和広さんは『我らの不快な隣人　統一教会から「救出」されたある女性信者の悲劇』（情報センター出版局）でこの問題を取り上げ、洗脳によって入信・献金させる宗教団体も問題だが、（主観的には）幸福に暮らしている信者を拉致・監禁して脱洗脳することもまた「人権侵害」だと指摘しました。

この本によって米本さんは、反統一教会の活動家や人権派から強く批判されることになります。

ところが、統一教会を心の底から憎んでいた男が、事件前に自らの心情を訴える手紙を送ったのは、「カルトの悪」と長年戦ってきた（テレビに出ている）ひとたちではなく、「教団のシンパ」だとされている米本さんだったのです。

メディアはそろそろ、単純な因果論では説明できないこの事実（ファクト）をきちんと報じるべきでしょう。

【追記】

その後、『週刊文春』電子版（2020年8月2日）に米本和広さんのインタビューが掲載されました（「『彼に本を差し入れたい』山上徹也が手紙を送ったジャーナリストが語る〝統一教会とカルトの子〟」）。

それによると、読売新聞の記者が取材に来る日の前日に、たまたまポストを開けたら山上徹也容疑者の手紙を見つけ、それを好意で記者に見せたというのがスクープの経緯です。

このとき米本さんは、「手紙を受け取った人物として実名を出していいよ」と記者に伝えています（「僕はフリーライターとして実名でやっているわけだから。匿名にされることはありません」）。それにもかかわらず、「実名報道」を原則としている新聞社は、「（山上容疑者が）岡山市内から、安倍氏の殺害を示唆する手紙を中国地方に住む男性に送っていたことがわかった」と、米本さんの名前を伏せたうえで、まったくの無名の人物として第一報を報じました。

読売新聞は翌日以降、実名に変えましたが、「松江市のルポライター」などとするだけで、米本さんの著作やブログの内容は説明していません。これでは、山上容疑者がどのような人物に手紙を送ったのかを読者はまったくわからないでしょう。

読売の報道後、米本さんのところにはマスコミ各社の記者が殺到しますが、「(山上が送った手紙の)宛先は松江市在住の男性。旧統一教会に批判的な記事をブログで発信するフリーライターだった」(朝日新聞8月9日)などと、米本さんの名前を伏せるか、実名を出しても経歴や著作などを紹介することなく、手紙の文面だけを報じています。――なお、私がこのことをSNSで指摘して以降、朝日新聞は実名に変えました。

『カルトの子　心を盗まれた家族』(論創社)で、宗教2世の問題をはじめて提起した米本さんは、『週刊文春』の取材に以下のように語っています。

「僕は「反カルトのカルト性」をずっと追及し続けてきて、今テレビに盛んに出ているような反統一教会の人たちに「お前らも(統一教会と)同じだよ」ということを前から指摘してきました」

「1990年代以降、信者の家族らによって、当時4000人を超える統一教会の信者たちが、拉致・監禁されていた。「こんなことが許されていいのか」と思いました」

このことが、反統一教会の活動をしてきた弁護士やジャーナリストに依存して報道せざるを得ないメディアが、山上容疑者が唯一自らの心情を明かしたジャーナリストについて触れたがらない理由なのでしょう。

なお、米本さんは1997年、『巨大カルト集団ヤマギシ「超洗脳」ルポ』（『VIEWS』）で編集者が選ぶ雑誌ジャーナリズム賞企画部門を受賞、『洗脳の楽園　ヤマギシ会という悲劇』（洋泉社）が1998年の大宅壮一ノンフィクション賞候補作になっています。

公平を期すためにいっておくと、私は編集者時代に米本さんの担当編集者で、それがメディアによるこの〝隠蔽〟を見過ごせなかった理由です。

政界の裏金疑惑をリベラル化と「説明責任」から読み解く

政治資金パーティをめぐる裏金疑惑が拡大し、岸田政権はますます窮地に追い込まれています。実態はこれから解明されていくでしょうが、ここではこの事件を「説明責任」から読み解いてみましょう。なぜならこれが、2024年の（というよりも、リベラル化する社会の）キーワードになるからです。

副大臣を辞職したある安倍派議員は、それがよほど悔しかったのか、記者団に「派閥から収支報告書に記載しなくてよいと指示があり、適法と推測せざるを得なかった」と語っています。

この正直な告白からわかるのは、ほとんどの政治家に違法行為の認識がなかったらしいことです。「赤信号、みんなで渡れば怖くない」で、長年やってきているのだから、自分だけが批判されるいわれはないという理屈です。派閥の事務方も、違法行為を隠蔽するというより、たんに前例を踏襲していただけなのでしょう。

ところが、いったんこのグレーな慣習が表沙汰になると、政治資金規正法に違反しているではないかとの批判に答えることができなくなってしまいます。その結果、派閥は議員に「しゃべるな」と箝口令《かんこうれい》を敷き、それによってますます心証が悪くなり、ついには関係する議員全員を政府や党の要職から更迭せざるを得なくなったのです。

「アカウント」は日本では金融機関などの口座や得意先・顧客の意味で使われますが、英語では〝account〟の第一義は「報告・説明」で、動詞では「説明する・責任をとる」になります。ここから「アカウンタビリティ（accountability）」は「説明責任」と訳されるようになりました。

リベラルな社会では、公人はもちろん私人であっても「アカウンタブル（accountable）」であることが求められるようになりました。「なぜそのようなことをしたのか？」と問われたら、その合理的な理由を説明できなければならないのです。

これを逆にいうと、説明できない行為は、ただそれだけで道徳や倫理に反すると見なされます。それが有名人であれば、たちまちＳＮＳで炎上し、「キャンセル」の標的にされるでしょう。

ジャニー喜多川の性癖はみんな知っていましたが、「しょせん芸能界の話」と見て見ぬふりをしていました。宝塚歌劇団の問題も同じで、いじめが大きな社会問題になっていても、「女の園がそうなるのは当たり前」で済まされてきました。ところがどちらも、いったん表沙汰になると、不適切な状況を放置してきた理由を説明できず、強い批判を浴びることになったのです。

日本社会は「近代のふりをした身分制社会」なので、政治や芸能の世界以外にも、アカウンタブルでない慣習がたくさん残っているでしょう。しかしそれらは、これからひとつずつ「説明責任」を問われることになるはずです。

グローバル世界と同じく日本も「リベラル化」の巨大な潮流のなかにあるので、ますます強まる「正論」の圧力から逃れる術はありません。だとしたら残された道は、「透明性」と「アカウンタビリティ」によって身を守ることしかなく、こうして日本も北欧など「リベラル」な社会と同じになっていくのでしょう。

いつまでたっても「親分子分」の政治の国

自民党の裏金事件を受けて岸田首相が名門派閥・宏池会の解散を決め、残る5派閥のうち3派閥が追随する事態になりました。所属議員が逮捕されたり、会計責任者が略式起訴されたとしても、これほどあっさり派閥を解散したことに驚いたひとも多いでしょう。

この背景を理解するには、そもそも近代的な政党政治では、派閥の存在を正当化できないことを押さえておかなくてはなりません。

議院内閣制では、首相を目指す政治家は同じ志の仲間を集め政党を結成し、選挙で多数派を獲得することを目指します。政党が大きくなれば、党内で複数の有力政治家が覇を競うということも起きるでしょう。ヒトは徹底的に社会的な動物で、ごく自然にグループをつくって協力し合うのですから、こうした意味での「派閥」は世界中のどの政党でも見られます。

日本の政治でなにが特殊かというと、派閥が独自の組織をもち、資金を管理し、大臣登用などの人事に大きな影響力をもつことです。こんなことは、すくなくとも欧米の政党ではありえません。

戦後日本では長く自民・社会の二大政党制（ただし政権交代がない）が続きましたが、どちらも党内に有力派閥を抱えていました。しかし政党政治の原理では、独立した組織をつくるのなら、党を割って新たな政党を結成しなくてはなりません。そうでなければ、有権者の投票とは無関係に、党内の権力争いで政権が決まることになってしまいます。

派閥には入会と脱会の「儀式」があり、複数の派閥に所属することは許されず、誰がどの派閥のメンバーであるかが明示されています。「党のなかに党がある」というこの矛盾は、じつは早くから意識されていました。自民党の歴史は、1963年に党組織調査会が「派閥解消」を答申して以来、88〜89年のリクルート事件や、2009年に政権の座から陥落したときなど、何度も派閥解消が叫ばれては復活することの繰り返しでした。

政党政治では、政党が資金を集め、それを所属政治家に分配するのは当たり前です。ところが派閥が同じことをすると、法的な根拠があいまいになってしまいます。こうして、集めた資金を裏金で処理しなくてはならなくなったのでしょう。もともと派閥が「オワコン」で、持続不可能なことはみんなわかっていたのです。

派閥は「親分子分」の関係で、子分は忠誠をつくし、親分は子分の面倒を見ることが当然とされました。日本社会でこれにもっとも近い組織は、山口組などの広域暴力団でしょう。どちらも組＝派閥の連合体で、互いに競い合いながら、もっとも大きな影響力をもつ組織が権力を握ったり、傀儡《かいらい》をトップに立てたりするのです。

1994年に与野党の合意のもとに中選挙区制から小選挙区制への政治改革が行なわれたのは、派閥政治からの脱却が不可避という認識が共有されていたからでした。それでも派閥を解消できなかったのは、これが日本の土着社会に根づいた支配原理だからでしょう。しかし終戦後80年ちかくたって、いまだにヤクザ映画のような政治をやっているのはあまりに異常です。

私はこれまで繰り返し、「日本は近代のふりをした身分制社会」だと述べてきました。この事件を奇貨として、日本社会は親分子分の政治から決別できるでしょうか。

『スター・ウォーズ』はなぜあのような終わり方だったのか？

1977年にスタートした『スター・ウォーズ』シリーズが、42年の時を経て『スカイウォーカーの夜明け』で完結しました。

1970年代のハリウッドは危機の時代を迎えていました。それまでドル箱として、インディアンが開拓者を襲い、騎兵隊が討伐する勧善懲悪の西部劇を大量につくってきたのに、開拓者（ヨーロッパ白人）こそがアメリカ原住民の土地を奪い、虐殺し、差別してきたではないかと批判されるようになったのです。

その象徴が1970年公開の映画『ソルジャー・ブルー』で、米軍が無抵抗のシャイアン族などを女子もろとも無差別殺戮《さつりく》した「サンドクリークの虐殺」を描いて衝撃を与えました。これ以降、ハリウッドは西部劇をつくることができなくなります。

それでもひとびとは、「善が悪を滅ぼす」楽観的で夢のある物語を求めていました。『スター・ウォーズ』（ジョージ・ルーカス）の大ヒットの秘密は、PC（ポリティカル・コレクトネス／政治的正しさ）によって封じられた勧善懲悪の大活劇を、舞台を宇宙に移すことによって復活させたことにあるのでしょう。

その後、物語はダース・ベイダーとルーク・スカイウォーカーの親子の確執へと移っていきますが、強大な銀河帝国に対して同盟軍（共和国）がレジスタンスの戦いを挑むという構図は不変です。

『スター・ウォーズ』第一作が公開されたのは、第二次世界大戦が終わって30年ほどしか経っておらず、「悪の帝国」であるソ連が大量の原水爆を保有していた冷戦時代でした。だからこそ、「全体主義（ファシズム）vs自由主義（デモクラシー）」という物語の枠組みを誰もが共有し、楽しむことができました。

しかし、ベトナム戦争、湾岸戦争、とりわけ9・11同時多発テロによって始まったイラクとアフガニスタンへの侵攻によって、アメリカの「正義」は大きく失墜しました。それと同時に、あらゆる紛争において、すべての当事者が「正義」を主張するようになり、どちらかを「絶対的な善」、もう一方を「絶対的な悪」とする問題の解決が不可能になりました。

『スター・ウォーズ』も、物語が進むにつれて、帝国を支配するダース・シディアスがなぜ「悪」なのかわからなくなっていきます。レジスタンスが勝利する大団円を迎えても喝采を送れないのは、作品の出来不出来の問題ではなく、私たちがもはや勧善懲悪の世界を素直に信じられなくなったからでしょう。

それよりずっと興味深いのは、壮大なスペースオペラの幕引きを、ダース・シディアスの孫娘であるレイが「私はスカイウォーカーだ」と名乗る場面にしたことです。ここには、「真に重要なのは血統（生物学的に誰の子どもなのか）ではなく、個人の価値観だ」とのメッセージが込められています。

ダイバーシティ（多様性）の時代には、同性愛やトランスジェンダーが広く受け入れられてきたように、「(自分の人生を自分で決定する）自己実現」が至高の価値をもつようになります。その意味で、〝ヒーロー（主人公）〟のレイが、自分のアイデンティティを自ら選択するラストシーンは、「私がどのような人間かは私だけが決める」現代を見事に象徴しているのです。

Part 2

善悪を決められない事件

ゆたかで幸福な社会から「廃棄」されたひとたち

これはとても不穏な話です。

あなたが巨大なゴミ処理場を訪れたとしましょう。当然のことながら、そこにはゴミしかありません。圧倒的な量のゴミに圧倒されて、「これは大問題だ」と社会に警鐘を鳴らすかもしれません。

しかし、さらに俯瞰して見ると、そこにはとてつもなくゆたかな現代日本の消費社会があります。食品、衣料品から家電製品まで、ゴミが増えるのは安価なモノが大量に流通し、気軽にそれらを購入し、使い捨てることができるからです。それに対して、最貧国にはゴミはほとんどありません。モノを捨てるだけの経済的な余裕がないのです。

このことは、ゆたかさと廃棄物がトレードオフであることを示しています。

魅力的なモノがあふれた快適な生活を望み、それが実現すると、ゴミが増えていきます。社会がどんどんゆたかになると同時に、ゴミがどんどん減っていくなどということはあり得ません。今の快適な生活を続けたいのなら、私たちは大量の廃棄物を受け入れるしかないのです。

こうして、ゆたかな社会は「リサイクル」に熱心に取り組むようになります。

ゴミを分別管理し、リサイクルセンターで「再生」し、それをもういちど消費市場に戻す。この循環がうまくいけば、そのぶんだけゴミは減ります。

ただし、こうしてリサイクルされたモノもいずれはゴミになります。リサイクルできなかったモノや、何度もリサイクルされて「再生」できなくなったモノは最終処分場に送られ、誰からも見えないように「隔離」され「隠蔽」されます。なぜなら、きらびやかな消費社会を謳歌《おうか》するひとたちにとってゴミは不快だから。ところがなかには有害なゴミもあり、不用意に扱うと深刻な健康被害を招くかもしれません。

２０１５年に行なわれた大規模な社会調査（ＳＳＰ／階層と社会意識全国調査）では、「あなたはどの程度幸せですか？」の質問に「幸福」と答えたのは男性67・8％、女性74％で、「生活全般にどの程度満足していますか？」の質問に「とても満足」「やや満足」と肯定的に答えたのは男性67％、女性74・1％でした。現代日本は３人のうち２人超が自分は「幸福で生活に満足」と思っている。歴史的にも世界のなかでも「全般的には」とてもうまくいっている社会です。

しかしその一方で、自分の階層を「下の上（16・４％）」「下の下（４・４％）」とするひとが合わせて20％以上いて、その人数は成人だけでも２０００万人に達します。この「事実」をどちら側から見るかで、日本社会への評価はまったく逆になります。

ヨーロッパの社会学者ジグムント・バウマンは『廃棄された生』（中島道男訳／昭和堂）で、欧米のゆたかな社会から排除されたひとたちを「Wasted Humans（人間廃棄物）」と呼びました。バウマンの念頭にあるのは難民や貧しい移民で、彼ら／彼女たちは「人間のリサイクル処理場」でも再生できずに捨てられていくのですが、こころを病んだビジネスパーソンやひきこもりなどもここに含まれるでしょう。

「ゴミ」とのちがいは、人間は「最終処分」できないことです。そして、自分たちを排除した社会にときに刃を向けるのです。

日本社会の歪みを象徴する「下級国民のテロリズム」

死者36人、負傷者32人という多くの被害者を出した「京都アニメーション放火事件」（2019年7月）は、放火や殺人というよりまぎれもない「テロ」です。しかし犯人は、いったい何の目的で「テロ」を行なったのでしょうか。

報道によれば、被告はさいたま市在住の41歳の男で、2006年に下着泥棒で逮捕され、2012年にコンビニ強盗で収監されたあとは、生活保護を受けながら家賃約4万円のアパートで暮らしていたとされます。事件の4日前に起こした近隣住民とのトラブルでは、相手の胸ぐらと髪をつかんで「殺すぞ。こっちは余裕ねえんだ」と恫喝《どうかつ》し、12年前の逮捕勾留時には、部屋の壁にハンマーで大きな穴が開けられていたとも報じられています。

身柄を確保されたとき、被告は「小説をパクリやがって」と叫んだとされます。アニメーション会社は、被告と同姓同名の応募があり、一次審査を形式面で通過しなかったと説明しています。

ここからなんらかの被害妄想にとらわれていたことが疑われますが、精神疾患と犯罪を安易に結びつけることはできません。これは「人権問題」になるからではなく、そもそも重度の統合失調症では妄想や幻聴によって頭のなかが大混乱しているので、今回のような犯罪を計画し、実行するだけの心理的なエネルギーが残っていないのです。欧米のデータでも、精神疾患がアルコールやドラッグの乱用に結びついて犯罪に至ることはあっても、病気そのものを理由とする犯罪は一般よりはるかに少ないことがわかっています。

じつは、あらゆるテロに共通する犯人の要件がひとつあります。それが、「若い男」です。IS（イスラム国）にしても、欧米で続発する銃撃事件にしても、女性や子ども、高齢者が大量殺人を犯すことはありません。

これは生理学的には、男性ホルモンであるテストステロンが攻撃性や暴力性と結びつくことで説明されます。思春期になると男はテストステロンの濃度が急激に上がり、20代前半で最高になって、それ以降は年齢とともに下がっていきます。欧米の銃撃事件の犯人の年齢は、ほとんどがこの頂点付近にかたまっています。

日本の「特殊性」は、川崎のスクールバス殺傷事件の犯人が51歳、京アニ放火事件の被告が41歳、元農水省事務次官長男刺殺事件の被害者が44歳など、世間に衝撃を与えた事件の関係者の年齢が欧米よりかなり上がっていることです。さまざまな調査で、20代の若者の「生活の充実度」や「幸福度」はかなり高いことがわかっています。日々の暮らしに満足していれば、「社会に復讐する」理由はありません。

このように考えると、日本の社会の歪みが「就職氷河期」と呼ばれた1990年代半ばから2000年代はじめに成人した世代に集中していることがわかります。当時、正社員になることができず、その後も非正規や無職として貧困に喘《あえ》ぐ彼らは、ネットの世界では自らを「下級国民」と呼んでいます。とりわけ低所得の男性は結婚もできず、社会からも性愛からも排除されてしまいます。

これからもそんな「見捨てられた世代」の犯罪が、日本社会を揺るがすことになるでしょう。

元首相襲撃犯とジョーカー

安倍晋三元首相への銃撃事件（2022年7月）では、容疑者の男が、母親が入信した新興宗教団体に強い恨みを抱いていたことがわかりました。しかし、それがどのようにして「テロ」へと至ったのかの解明は進んでいません。

この教団によって破壊された家庭はたくさんありますが、だからといってほとんどの被害者は犯罪とは無縁です。強引な勧誘や霊感商法、多額の献金の強要は1980年代から社会問題になっており、脱会者や家族を支援する団体も複数ありますが、そうした活動に参加した形跡もありません。男はたった一人で、家賃3万5000円の1Kのアパートで「復讐」のための銃や爆発物をつくっていたのです。

男が最後に働いていたのは京都府内の倉庫ですが、同僚と会話することもなく、昼食は車のなかで一人で弁当を食べていたとされます。事件後、メディアが彼の過去を追いましたが、2週間以上たっても、高校を卒業してから海上自衛隊に入隊したことしかわかっていません。自衛隊を退職したあとは、ファイナンシャルプランナーや宅地建物取引士などの資格を取り、複数の会社で派遣社員やアルバイトとして働いていたとされますが、その間のことを証言する友人などがまったくいないのです。

2008年に秋葉原で無差別殺傷事件を起こした犯人も孤独な派遣社員でしたが、それでも親身に相談に乗ってくれる故郷の友人や年上の女性がいました。元首相を銃撃した男には、いまのところ、誰かとかかわった記録がまったくありません。その人生をひと言でいえば、「絶対的な孤独」ではないでしょうか。

2019年公開の映画『ジョーカー』では、「自分はまるで存在していないかのようだ」と繰り返し訴える孤独な青年アーサーが、狂気と妄想にとらわれてジョーカーに変貌していく姿が描かれます。

男は公開直後にこの映画を観て、〈ジョーカーという真摯な絶望を汚す奴は許さない。〉とツイッター（現・X）にコメントしました。それ以外の投稿を見ても、自分の境遇とジョーカー（アーサー）を重ね合わせていたことは明らかです。

この映画について非公開のユーザーと交わした会話では、〈ええ、親に騙《だま》され、学歴と全財産を失い、恋人に捨てられ、彷徨《さまよ》い続け幾星霜、それでも親を殺せば喜ぶ奴らがいるから殺せない、それがオレですよ。〉と自分のことを語っています。これが男の「真摯な絶望」だという見方は、さほど間違ってはいないでしょう。

自衛隊を退職したあと、頑張って資格を取ったにもかかわらず、仕事もうまくいかず、恋人にも捨てられてしまった。40歳を前にして、社会からも性愛からも排除されているという現実を突きつけられた。これは、高い知能と能力をもつ（おそらくプライドも高い）男には耐えられない挫折でしょう。

「絶対的な孤独」のなかで、なぜ自分の人生はこんなことになったのかを考えていくうちに、人生をさかのぼって教団が悪魔化されていった。自分は純粋な被害者（善）だという物語をつくろうとしたとき、その教団とかかわっていた（とされる）この国でもっとも有名な政治家が、絶対的な「悪」として立ち上がってきたのではないでしょうか。

孤独な若者とテロリズム

和歌山県内で衆議院補欠選挙の応援演説を行なおうとしていた岸田首相に向かって、24歳の男が自製の鉄パイプ爆弾を投げる事件が起きました（2023年4月）。幸い軽傷者のみで済みましたが、安倍元首相への銃撃から1年もたっておらず、社会に大きな衝撃を与えました。

報道によると、容疑者の男は事件当時、兵庫県の住宅地で母親と兄の3人で暮らしており、小学校時代は「ごくふつう」で、中学から不登校ぎみになって父親との関係が悪化したものの、父親が家を出たあとは生活も落ち着いたようです。最近は、母親と一緒に庭の手入れをするところを近所のひとが目にしています。

メディアの取材でも小中学校時代の親しい友人は見つからず、高校卒業後に進んだ関西の調理師専門学校では、「いつも一人で座っていて、おとなしくて、真面目な印象だった」と講師が語っています。ここから浮かんでくるのは、「誰も気にとめない、孤立した若者」の姿です。

卒業後は栄養士や調理師として働くわけでもなく、自宅に戻り、政治に関心をもつようになります。衆議院議員・地方議員は25歳以上、参議院議員は30歳以上という被選挙権の年齢規定や、立候補に必要な供託金が憲法違反だとして、弁護士に依頼しない本人訴訟で国を訴え、そのことを本人のものと思われるSNSのアカウントで報告していました。

国家賠償請求訴訟の提訴から11日後に、山上徹也による安倍元首相への銃撃事件が起きます。これが、若者に強い影響を与えたことは間違いないでしょう。山上は40代でかなり年上ですが、事件前まで働いていた倉庫会社では、昼の弁当を駐車場の車のなかで一人で食べるなど、明らかに周囲から孤立していました。二人はとてもよく似ているのです。

大きなちがいは、山上には「宗教2世」という背景と、テロの明確な動機があったことです。それに対してこの若者は、なぜ国賠訴訟がテロの理由になるかわからず、本人も語ろうとしません。黙秘を続けるのは秘密があるからではなく、「第二の山上になりたかった」という以外に動機がないからではないでしょうか。

内閣府の調査で、「ひきこもり状態にある人」が全国で146万人と推計されました。その定義は、自室からほとんど出ないか、近所のコンビニなどにしか出かけないことです。しかしこの若者は、裁判を起こすだけでなく、地元の政治家の市政報告会に参加して質問するなど、積極的に活動していたのだから、「ひきこもり」には入らないでしょう。

ほとんど部屋から出ることがなかった中年男が、自活を迫られて通学中の小学生らを殺傷したり、元官僚がひきこもりの長男を刺殺する事件が起きたりしたことで、これが深刻な社会問題であることが広く知られるようになりました。しかし日本社会には、ひきこもりではないものの、山上やこの若者のように、社会から孤立した膨大な数の男がいるのです。

もちろんそのほとんどは、犯罪とは無縁の暮らしをしています。しかしそれでも、この事件によって、社会のメインストリームから脱落したように見える男の子がいる親の不安が高まることは間違いないでしょう。

「下級国民のテロリズム」はますます増えていく

大阪・北新地のビルに入居する心療内科のクリニックが放火され、26人が死亡した惨事（２０２１年12月）は、重度の火傷を負った容疑者（61歳）が事情聴取できないまま死亡したことで、動機などの全容解明が不可能になりました。

その後の報道によると、容疑者は腕のいい板金工として働き、１９８５年に看護師の女性と結婚、２年後に新築の家を購入して妻と息子２人とともに約20年間この家で暮らしていました。ところが２００８年に離婚、翌年、元妻に復縁を申し込んだものの断られ、やがて仕事も辞めてしまいます。そして11年４月、包丁計３本や催涙スプレー、ハンマーなどを持って元妻宅を襲い、居合わせた長男を出刃包丁で殺そうとしたとして逮捕、懲役４年の実刑判決を受けます。

大阪地裁の判決では「寂しさを募らせて孤独感などから自殺を考えるように」なり、「死ぬのが怖くてなかなか自殺に踏み切れなかったため、誰かを殺せば死ねるのではないか」と考えたとされています。

出所後は仕事に就くこともなく、父親から相続した文化住宅に暮らし、自宅を賃貸に出して家賃収入を得ていましたが、借り手がつかなくなったことで経済的に困窮。生活保護を申請したものの認められなかったことから、ふたたび自殺を考えはじめたと思われます。標的が家族から約3年間通った心療内科の医師に変わっただけで、「他者を巻き添えにして死ぬ」という計画はまったく同じです。

この事件が難しいのは、どうしたら防ぐことができたのかがわからないことです。「拡大自殺」の難を逃れた元妻や子どもたちからすれば、出所後の容疑者を受け入れるのはあり得ないでしょう。容疑者に自殺願望があるからといって、いつまでも刑務所に留《とど》めておいたり、精神科施設に強制入院させたりすることもできません。銀行口座の残高がゼロになったといっても、2軒の家を所有しているのに生活保護を認めることは難しいでしょう。

こうして「社会に居場所がなかった」という話になりますが、容疑者の（おそらく）唯一の話し相手だったクリニックの院長は、逆恨みされて生命を奪われてしまうのですから理不尽としかいいようがありません。この状況で、誰がどのような「居場所」を容疑者に提供すればよかったのでしょうか。

この事件が社会を動揺させたのは、容疑者と同じように「どこにも居場所がない」中高年男性が（ものすごく）たくさんいることにみんな気づいているからでしょう。もちろん孤独だからといって犯罪を実行するわけではありませんが、高齢化が進むにつれて母数は確実に増えていきます。

人口動態は大きく変化することはないので、２０３０年の日本は国民の３分の1が65歳以上の「高齢者」になることがほぼ確実です。歳をとるほど「成功者」と「失敗者」の格差は開いていきますから、「新しい資本主義」がなにをしようとも、居場所のない男たちが社会にあふれることは避けられそうにありません。

それを考えれば、これからも「下級国民のテロリズム」が突発的に起きることを覚悟するほかないのでしょう。

参考：「25人犠牲　孤立深めた末に」朝日新聞２０２２年1月18日

訪問看護・介護はいったい誰が担うのだろうか

前回、人類史上未曽有の超高齢社会になった日本では、今後、社会から孤立した中高年による「下級国民のテロリズム」が相次ぐだろうと書きましたが、大阪の事件の翌月には埼玉県ふじみ野市で、訪問診療の医師が散弾銃で射殺されるという衝撃的な事件が起きました（２０２２年1

月）。

加害者は66歳の無職の男で、生活保護を受けながら自宅で90歳を超える母親を介護していました。「母親を先に診ろ」と病院の待合室で騒いだり、長文の抗議文を送りつけたりするなど、地元の医療関係者のあいだでは「モンスター介護者」として有名だったといいます。

トラブルの原因は、自宅で母親に胃ろうをつくる要求を医師から断られたことで、弔問に訪れた医師らに、母親の遺体に蘇生措置を行なうよう強要したというのですから尋常ではありません。医師らも揉め事に備えて男7人で訪問しましたが、まさか銃を所持しているとは思わなかったのでしょう。

医療関係者のあいだでは、無理な延命を要求するのはたいてい親の年金で暮らしている家族だとされ、「年金大黒柱」と呼ばれています。親が死んでも届けを出さずに年金を受給しつづけるのが「年金ミイラ」で、ときどき事件になります。この加害者は生活保護を受けていたため、母親が死んでもすぐに生活に困るわけではありませんが、精神的にも経済的にも母親に依存していたことは間違いなさそうです。

こうした「モンスター」に共通するのは極端な被害者意識で、自分はなにひとつ悪くなく、他人がすべて悪いという「他責性」です。認知的不協和理論でいうなら、自分の置かれた状況があまりに絶望的なので、もはやそれを合理的に説明できなくなり、個人的な「陰謀論」によって不協和を解消しようとするのです。女性の場合、絶望は内に向かい、うつ病や自殺未遂につながりますが、男性は怒りが特定の相手に向かいやすく、時には無差別殺人を引き起こすという性差も確実にあります。

「モンスター」の怒りの標的になると被害は甚大ですが、医師には「応召義務」が医師法で定められ、事実上、患者の診療を断ることができません。大阪・北新地の心療内科クリニックの事件が典型ですが、精神医療の現場では医師と患者の関係がこじれることはよくあり、対応に苦慮しているようです。――その結果、患者の求めに応じて大量の向精神薬を処方するようなことが起きます。

より深刻なのは訪問看護・介護の現場で、女性の看護師・介護員が一人で自宅を訪れることも多く、約半数が利用者や家族から、身体的暴力をともなうハラスメントを受けたという調査もあります。とはいえ、警察を呼ぶような事態でなければ、医療機関や介護施設、行政の側からサービスの提供を断るのは難しいでしょう。

本人が嫌がる業務を強要できないとして、病院や介護施設に大きな選択権を与えればいいのでしょうか。しかしそうなると、一部の富裕層や楽な患者・要介護者だけにサービスを提供することになりかねません。この問題には、安直な解決策がないのです。

ひとつだけ確かなのは、報酬が安いばかりか生命の危険まである仕事の担い手が、早晩、いなくなることでしょう。

ひとは自分の行動を合理的に説明できるか？

神奈川県の知的障害者施設で入所者ら45人が襲われ、19人が刺殺されるという事件（2016年7月）の裁判（横浜地裁）で、元職員（30歳）の被告に求刑どおり死刑が言い渡されました（被告が控訴を取り下げ、死刑確定）。

新型コロナウイルス感染症のニュースに隠れてしまったものの、この裁判はマスコミ各社によって大きく扱われました。その報道には、はっきりとした共通点があります。それは、「犯行の理由が解明されていない」です。

被告は第1回の公判で謝罪の言葉を述べた直後に自分の右手小指を噛み切ろうとして退廷させられ、次回以降は証言したものの、「国の負担を減らすため、意思疎通の取れない人間は安楽死させるべきだ」など従来の主張を繰り返しただけでした。

マスコミが「犯行の理由」にこだわるのは、「正しく裁判すれば被告の動機がわかるはずだ」と考えているからです。しかし、これはほんとうなのでしょうか。すなわち、「ひとは自分の行動を合理的に説明できるのか？」という問題です。

ルール違反をした子どもに対して、親や教師は「なんでそんなことをしたの!?」と問い詰めます。ちゃんと説明できる子もいれば、できない子もいるでしょう。なんと答えていいかわからず黙り込んでしまう子どもは、いつまでも許されずに、居残りとか外出禁止の罰を受けるかもしれません。

誰もが経験したことで当たり前と思うかもしれませんが、「自分の行動を合理的に説明できる子ども」と「合理的に説明できない子ども」がいます。そして、ある子どもは意図的にルール違反をし、別の子どもはよくわからずにルールを破っているとしたら、罰せられるのは「合理的な理由でルール違反した」子どもであるべきです。

それなのに、うまく説明できない子どもが罰せられるのは、「行動には意図があるはずだ」という前提があるからです。実際には、子どもたちはたいした理由もなくルールを破り、それが見つかって怒られたときに、自分の行動を言語化（説明）できる子どもとできない子どもがいるだけなのに。

ひとは本能的に、理解できないものを恐れます。「なんでそんなことをしたの!?」は教育やしつけのためではなく、「あなたの行動を理解できるように説明して私を安心させなさい」という命令です。だからこそ、言外の意味を的確に把握し、大人が納得する説明ができる言語的知能の高い子どもが許されるのです。

大量殺人事件の犯人に対しても、世間は同じように「合理的な説明」を求めます。なぜなら、そのような異常な行動を理由もなくする人間がいるという不安に、ほとんどのひとは耐えられないから。

そのような強い圧力にさらされれば、加害者はなんとかして「説明」を考え出そうとするでしょう。それと同時に、すべての人間は自分の行動を正当化したいという強固なバイアスをもっています。とりわけこのような取り返しのつかない事件を起こしたなら、それが間違っていたことを認めるのは自分の「生きている意味」を全否定することになってしまうので、正当化の誘因はさらに強いものになるでしょう。

そのように考えれば、形式的な説明を繰り返した裁判での被告の態度はきわめて「合理的」です。どれほど問い詰めたところで、ひとびとが納得するような合理的な理由などそもそもないのですから。

猟奇殺人の原因は「子育て」が悪いから？

2023年7月、札幌ススキノのラブホテルで頭部が切断された死体が発見され、当時29歳の娘が主犯、父母が共犯として逮捕されました。父親は地元では評判のいい精神科医で、被害者が女装を趣味とする異性愛者の男性だったこともあり、大きな注目を集めました。

この事件で死体遺棄・損壊の幇助の罪に問われた母親の公判が行なわれ、「この世の地獄」というほかない、にわかには信じがたい家庭内の状況が明らかになりました。

週刊誌の報道によれば、一人娘は幼少期はふつうの子どもでしたが、小学校2年生の頃から徐々に不登校ぎみになり、5年生のときに服装を茶化されて同級生にカッターナイフを突きつける事件を起こしています。中学はほとんど登校できず、転校したフリースクールにも通えず、18歳で完全な引きこもり状態になります。

その頃、娘は自分は「死んだ」と宣言し、「ルルー」や「シンシア」などと名乗り、両親が実名を呼ぶことを許さなくなります。さらには、父を「ドライバーさん」、母を「奴隷」と見なすようになったといいます。

ここで思い浮かぶのは、カプグラ症候群という奇妙な病気です。患者は両親など親しい者が瓜二つの偽物と入れ替わったと思い込み、どのような説得も効果がありません。その原因としては、頭部外傷などの器質的な障害により、共感にかかわる脳の部位が機能不全になったことが考えられます。患者は親を見ても、子どもの頃からずっと抱いてきたあたたかな気持ちがまったく感じられないため、本物の親ではない＝偽物にちがいないと信じてしまうのです。

この事件でも、主犯の娘がなんらかの理由で共感能力を欠落させてしまったと考えると、その異様な言動が（なんとなく）理解できます。なんの情愛も感じられない両親は、娘にとってはたんなる他人で、それにもかかわらず自分の面倒をみているのですから、論理的には「召使」「奴隷」だと考えるしかないのです。

さらには、他者に対する共感がまったくないと、人間が奇妙な機械（ロボット）のように思えて、分解したくなるかもしれません。事件の翌日、娘は母親に「おじさんの頭を持って帰って来た」と悪びれることなく報告し、「見て」と命じます。その頭部は、眼球や舌などを摘出し、皮膚をはぎとっていたとされます。

２０１４年、長崎県の公立高校に通う女子生徒が、同級生の女子を自宅マンションに誘って殺害し、遺体の頭と左手首を切断した事件が起きました。父親は地元では高名な弁護士で、母親が病死したあと、一人で娘を育てていましたが、就寝中に娘から金属バットで殴られ、頭蓋骨陥没の重傷を負います。その後、娘をマンションで一人暮らしさせ、そこが事件の舞台になりました。

この2つの事件は、その猟奇性も、家庭の状況もよく似ています。長崎の事件では、ワイドショーに出演した〝識者〟は「子育てが悪い」と口々に述べ、事件の2カ月後、父親は首を吊って自殺しました。ススキノの猟奇殺人でも、同じように「精神科医の父親の育て方が悪い」というのでしょうか？

【追記】

母親の第2回公判に弁護側証人として出廷した精神科医の父親は、「両親が娘を甘やかして好き勝手させていたという主張について」問われ、「妄想が出るまでは、それなりにしつけをしてきたつもり。本人の精神状態から、追い詰められると取り返しのつかないことになるのでいえなかった」と述べました。

参考：「ススキノ首狩り娘と精神科医父のSMプレイ」週刊文春2024年6月20日号

小田急線刺傷事件は〝ナンパ〟カルチャーのなれの果て

小田急線の電車内で36歳の男が刃物で乗客10人に切りつけるなどした事件（2021年8月）では、最初に狙ったのは「勝ち組っぽく見えた」20歳の女子大生で、「大学のサークルで女性にばかにされるなどし、勝ち組の女や幸せそうなカップルを見ると殺したくなるようになった」などと供述しました。男は車内に灯油をまくことで火をつけようとしたものの、入手できなかったため、常温では発火しないサラダ油で代用しました（2023年7月、懲役19年の判決確定）。

一歩間違えば大惨事になるところで、多くのひとが2008年の事件を思い起こしたでしょうが、当時25歳の「秋葉原事件」の犯人は、「非モテ」であることに強いコンプレックスをもってはいたものの、自分には手の届かない華やかな女性に憎悪を抱いていたわけではありませんでした。その意味では、小田急線の事件はこの国ではじめてのミソジニー（女性憎悪）による無差別テロといえるかもしれません。

掲示板で「不細工キャラ」を演じていた秋葉原事件の犯人との大きなちがいは、小田急線事件の男が高校時代は成績優秀で、女子生徒にも人気があり、有名私立大学に進学した「リア充」だったことです。ところがなんらかの理由で大学を中退し、20代前半はコンビニなどでアルバイトしながら〝ナンパ師〟をしていたようです。

ナンパ師は、アメリカではPUA（ピックアップ・アーティスト）と呼ばれます。ゼロ年代のはじめに、さまざまなナンパ・テクニックをネット上で交換し、その成果を報告しあうサブカルチャーの存在がニューヨーク・タイムズで報じられて注目を集め、この記事を書いたニール・ストラウスの『ザ・ゲーム』は世界的なベストセラーになりました（その後、実際にナンパを指南するリアリティ番組が制作されました）。

PUAは女性を髪の色と10点満点の点数で評価し、「ブロンドの8点」「ブルネットの8・5点」などと数値化してナンパ掲示板で成果を競いました。その手法は徹底的にマニュアル化されていて、「ルーティーン」に従って会話を進行させれば、どんな女性も同じ反応を示すのだそうです。女の脳を「プログラム」と見なして、それを「リバースエンジニアリング」しようとしたのです。

これだけでもほとんどの女性は強い嫌悪感を抱くでしょうが、アメリカではPUAがミソジニーに結びつくことが繰り返し批判されてきました。PUAのアイデンティティはナンパに成功した女性の「点数」で決まるため、拒絶されるたびに（当然のことながらこれはよくあります）自尊心が傷つけられ、やがてナンパできない女性を憎みはじめるのです。

男が外見だけでモテるのはせいぜい大学くらいまでで、社会人になれば社会的・経済的な地位が重みを増してきます。小田急線事件の犯人は非正規の仕事が続かず、最後は生活保護を受けながら家賃約2万5000円の1Kのアパートで暮らしていたといいます。これではどんなナンパ・テクニックをもっていても、誰からも相手にされないでしょう。

〝ナンパ師〟だった男が「非モテ」になり、若く魅力的な女性に深い憎悪を抱いて大量殺人を実行しようとするまでの転落の経緯は、「PUAのなれの果て」と考えるとてもよく理解できるのです。

参考：ニール・ストラウス『ザ・ゲーム　退屈な人生を変える究極のナンパバイブル』田内志文訳／パンローリング

エロス資本のマネタイズが容易になるとなにが起きるか？

事実は小説より奇なり、という事件です。

2016年夏、大学3年生の女性がアルバイトの面接で、会社オーナーを名乗る40代半ばの男と出会います。男は「東大大学院卒」で「売上数十億円」の投資家と名乗り、ペットのペリカンの写真を見せられました。

男が主催するイベントに参加すると、集まった若い女性たちに、ゲームの景品としてエルメスのバッグを配っていました。女子大生は、男を「カリスマ資産家」だと信じ込んでしまいます。

大学を卒業し、看護師や保健師として働くようになると、男から株への投資を勧められ貯金など約３００万円を預けます。２０２０年には「一緒に事業をやらないか」と誘われて仕事を辞め、「会社の休憩室」だと説明されたマンションに同居し、事業の初期費用として４１０万円を渡しました。

ところがその後、株で多額の損失が出て返済義務があると迫られ、パパ活を指示されます。当初はデートの見返りに数万円を受け取る程度でしたが、やがて奨学金やカードローンの返済などの名目で多額の金を借りるようになります。

裁判の被告人質問で女性は、「出会い系サイトに登録させられた。会う人の年齢やサイトでの会話の内容も男に指示され、「60代以上が好み」「長くお付き合いしてくれるとうれしい」とメッセージを送った」と証言しています。男からは「1日4人、計１２０万円」のノルマを課され、できないと怒鳴られたり殴られたりし、パパ活の収入はすべて男に渡していました。「お前が破産すれば、家族がみんなつかまる」などと脅され、家族との縁も切り、洗脳状態にあったようです。

この事件で驚くのは、この女性が3～4年のあいだに、高齢の男性15人から計1億5000万円をだましとったとして逮捕されたことです。

28歳の無職女性に新宿・大久保公園周辺で売春の客待ちをさせたとして、京都市在住の27歳の無職の男が逮捕された事件も同じような話です。女性はSNSで男と知り合い、「パパ活より稼げる」と売春をもちかけられ、路上で客待ちをするようになりました。男は約1年間で、売春で得た金のうち1500万円以上を受け取ったとみられています。

イギリスの社会学者キャサリン・ハキムは、若い女性の性的な魅力を「エロティック・キャピタル」と名づけました。ハキムは、自分のエロス資本を活用するのは女性の権利であり、「純愛」の名の下に（一夫一妻制で）男がそれを独占するのは性差別だと批判したのです。

ところがこれらの奇妙な事件からわかるのは、SNSの登場によって、いまや若い女性のエロス資本のマネタイズがきわめて容易になったことです。日本の大卒サラリーマンの生涯収入は、40年間働いて3億から4億円です。ところが29歳の「洗脳」された元看護師は、わずか3～4年のあいだにその半分ちかくを（しかも無税で）稼いでしまったのです。

いまは一部の男女の特異な事件と扱われていますが、この事実を多くの若い女性が知ったとき、いったいなにが起きるのか、想像すると恐ろしいものがあります。

参考：「パパ活詐欺『洗脳』の果てに」朝日新聞2023年12月15日夕刊

「頂き女子」とナンパ師のマニュアルは瓜二つ

2000年代のはじめにアメリカでPUA（ピックアップ・アーティスト）が大ブームになり、リアリティ番組までつくられました。魅力的な女の子をピックアップする〝ナンパ術〟のことで、もともとは恋愛経験の少ない（非モテの）男の子のためのマニュアルでしたが、次第に女性をセックスの対象として評価し、何点の女と何人寝たかを競うようになりました。

「頂き女子りりちゃん」を自称する25歳の女性は、恋愛感情を利用して中高年の男性たちから1億5000万円以上をだまし取っただけでなく、いかに〝おぢ（おじさん）〟からお金をいただくかのマニュアルを販売したことで話題になりました。このマニュアルはネットに公開されていますが、それを読むとPUAのマニュアルとよく似ていることに驚かされます。

ナンパ師の目的はセックスですから、女性と長くつき合ったり、一緒に暮らしたりする気ははなからありません。「頂き女子」の目的はお金で、〝おぢ〟はたんなる金づるで、恋愛感情などはまったくありません。

しかしより興味深いのは、どちらも自己評価が低いことです。「頂き女子」マニュアルの冒頭には、お金を稼げば夢がかなうし、「これだけ自分が稼げるんだ！」と自分の価値に気づいて、自分に自信がもてるようになると書いてあります。ナンパ師も同じで、「自分はこんなにモテるんだ」という証明（セックスした女性の数）でしか自尊心を保つことができません。――男でも女でも、リア充ならナンパや恋愛詐欺で自分の価値を証明する必要はないでしょう。

もうひとつの共通点は、心理的な弱点をついて相手を操作しようとすることです。

ＰＵＡのテクニックは、自信にあふれているように見えるテン（10点満点）の女性もコンプレックスに悩んでおり、それを利用して（理由もわからないまま）自分に性的な魅力を感じさせることです。

一方、「頂き女子」マニュアルには、〝ギバーおぢ〟を見つけ出し、疑似恋愛にもちこんだうえで、「自分だけがこの不幸な女の子を救うことができる」という〝白馬に乗った王子様〟体験をさせてあげて、その代償として数百万円から数千万円のお金を「頂く」方法が解説されています。

〝ギバーおぢ〟は、独身で恋愛経験が少なく、毎日、仕事に行って帰って寝るだけで夢や希望がなく、さびしさを抱えて癒しを求め、「全部自己責任の考え」をもっているとされます。これはいわゆる「弱者男性」の典型で、「頂き女子」はそんな真面目でやさしい中高年の男にひと時の夢を見させることで、金銭的な報酬を得るビジネスなのです。

相手の純情を踏みにじって搾取するのはたしかにヒドい行為ですが、だとしたらナンパ師も同じです。そう考えれば、（ナンパ師は法で処罰されないのですから）懲役9年（被告側が控訴）という「頂き女子」の判決は重すぎるようにも思えます。

売春が世界最古の職業といわれるように、男女の性の非対称性から、突き詰めていうならば、男の目的はセックスで、女の目的はお金です。しかし女の理想は「愛されること」でもあり、だからこそ〝ギバーおぢ〟から稼いだお金をホストに巻き上げられることになるのです。

エロス資本のマネタイズはハイリスク・ハイリターン

西新宿のタワーマンションに住む25歳の女性が、51歳の男によって刺殺された事件（2024年5月）は、男がホンダの赤のスポーツカー「NSX」やオートバイ「NR」など〝マニア垂《すい》涎《ぜん》〟のコレクションを売って、被害女性に1000万円以上を渡していたとして、「純真な（中年）弱者男性が頂き女子に搾取された」という物語がネットにあふれました。

しかし週刊誌報道によれば、事実はこうした「純愛物語」とはまったくちがいます。

男は2018年にSNSでライブ配信を始めた女性と知り合い、夜職で働くようになると頻繁に店に顔を出すようになり、彼女が自分でキャバクラを始めたときに、開店祝いに1000万円のシャンパンタワーを提案しました。男が「貸した」と主張するのはこのイベントの費用で、借用書が交わされたわけでもなく、女性には返済義務がありません。

その頃から、男は女性のマンションの前で待ち伏せするようになったようです。警察からストーカー規制法に基づく警告の文書を出されたものの、警告を無視したとして逮捕、釈放後に1年間の接近禁止命令を出されました。

警察からこの命令を延長するか尋ねられましたが、女性が「しないで大丈夫」と返答したため命令は解除されました。しかし男の執着と憎悪は消えたわけではなく、約1年後に今回の凶行に及んだのです。

被害女性には反論することができないのですから、「大金を貸したのに返してもらえない」という男の一方的な主張は、「自分は被害者」という自分勝手な自己正当化で、どこにも同情の余地はありません。

それに、こういう言い方をすると反発されるかもしれませんが、被害女性は銀座のキャバクラでナンバーワンになるほどの売れっ子で、その後は自分でキャバクラをオープンして成功させています。そんな女性を1000万円程度のお金で自分のものにできると考えること自体が大きな勘違いです。

報道によれば、事件当時は配達員のような仕事をしていたという男は高校卒業後、職を転々とし、妻と離婚したあとは実家で親と暮らしていたそうです。こうした現実と、〝レアもの〟の車やバイクを所有する「自己イメージ」のあいだには、大きなギャップがあったにちがいありません。

「ぼくらの非モテ研究会」が作成した「非モテ研用語辞典」（『モテないけど生きてます』〈青弓社〉所収）には、「女神化」と「一発逆転」という言葉があります。

女神化は「一人の女性を女神として位置づけていくこと」、一発逆転は「恋人ができれば現在の不遇な状況が挽回され、幸せになることができると考えること」と定義されます。

男は、被害女性を「女神化」し、自分のものにすることができれば、現実と自己イメージのあいだの絶望的なギャップが埋まり、「一発逆転」できると考えて、あれほどまで執着したのではないでしょうか。

社会がリベラル化するほど女性の選択のハードルは上がり、性愛市場から脱落して不本意な人生を送る男が増えていきます。

「自分は特別で、そんな自分には特別な出来事が起こるはずだ」と勘違いした男と出会ってしまったことが彼女の悲劇でした。こうした男は世の中に一定数いるので、エロス資本のマネタイズはハイリスク・ハイリターンなのです。

参考：橘 玲『無理ゲー社会』小学館新書

女性が活躍する「残酷な未来」

「ハイパーガミー」は上昇婚のことで、身分の低い女が上流階級の男と結婚する「玉の輿《こし》」が典型ですが、身分のちがいがなくなった現代社会では、自分よりも学歴、収入、社会的地位の高い相手に魅かれることをいいます。

洋の東西を問わず、女性には強いハイパーガミーの傾向があることが知られています。アメリカでは、女性は男性の約2倍、相手に経済的な余裕があることを重視しています。日本でも、20代で年収600万円以上の男性はほぼ全員に交際経験がありますが、年収200万円未満では半分程度です。

欧米の婚活サイトのデータを分析すると、女性が自分より高い学歴の男性を好む傾向も見て取れます。女性が修士号をもつ男性のプロフィールに「いいね！」を押す割合は、学士号の男性より91％（約2倍）も多いのです。

ここで問題になるのは、アメリカでは1990年代以降、大学進学率と大学修了率の両方で女性が男性を上回っていることです。1960年には、4年制大学の卒業者は女性1人に対して男性は1・6人でした。しかし2003年にはこれが逆転して、男性の大学卒業者1人に対して女性が1・35人になりました。2013年には、25歳から29歳の女性の37％が学士号以上を、12％が大学院や専門職の学位を取得しているのに対し、同年代の男性は30％と8％で、その結果、20代では女性の平均収入が男性を超えました。

女性の社会的地位がこれまで低かったことを思えば素晴らしいことですが、ハイパーガミーの傾向と組み合わせると事態は不穏な様相を帯びることになります。女性が社会的・経済的に成功すればするほど、(自分よりも「上位」の男性が少なくなるので)選択できる相手が少なくなるのです。

アメリカでは2012年、大学教育を受けた未婚の若年女性100人に対して、学士以上の若年男性は88人しかいませんでした(大学院卒では女性100人に対し男性77人)。この傾向が続くと、2020年から2039年の間に、同等以上の高等教育を受けた男性のパートナーがいない女性は、なんと4510万人になると予想されます。

さらに、1960年には若年未婚女性100人に対して働いている若い男性は139人いましたが、男性の就業率が低下してきたことで、2012年には未婚女性100人に対し就業男性は91人しかいなくなりました。こうして、「高学歴でキャリア志向の若い女性の多くが、孤独な未来を歩むことになる」という不吉な予測が避けられなくなったのです。「2030年までに、25歳から44歳の働く女性の45%が独身で子供がいない状態になる」のです。

アメリカでは、34人の高学歴女性に対し、ハイパーガミーを満足させる「高収入、高身長、腹筋割れ」の理想の男は1人しかいないとされます。逆にいうと、(男女同数として)97%の男は恋愛の選択肢から外されています。

徹底的に自由化された恋愛市場では、少数の成功した男が多くの女に望まれる一方、多くの男が性愛から排除されてしまいます。これはアメリカのデータですが、日本もいずれ同じことになるのでしょう(あるいは、もうそうなっているのかも)。

参考：Vincent Harinam (2021). Mate Selection for Modernity, Quillette

マッチングアプリは恋愛を自由化し、男女の生物学的な性差を拡大させる

進化心理学では、男女の生物学的な性の非対称性から、男と女では性愛戦略が大きく異なると予想します。男はほぼ無制限に精子をつくることができるのに対し、女は卵子の数に限りがあり、いったん妊娠すると出産まで9カ月かかるだけでなく、子どもが乳離れするまで数年間の子育て期間が必要になります。これほどまでに生殖コストに差があると、男は手当たり次第にセックスしようとするのに対し、女は性愛の相手をきびしく選《え》り好みするはずだというのです。

ポリコレ（ポリティカル・コレクトネス／政治的正しさ）の基準では「男と女には（生殖器を除いて）なんのちがいもない」とされているので、こうした主張は「セクシズム（性差別主義）」だと批判されてきました。ところがオンラインでの出会いやデートが当たり前になると、ビッグデータを使って男女がどのように行動しているかを観察できるようになりました。

欧米を中心に20代のあいだで大人気のマッチングアプリ『Tinder（ティンダー）』は、興味

や関心ではなく、位置情報に基づいて近く（最短で2キロ以内）にいる出会い候補を検索できるのが特徴です。ユーザーは表示される顔写真を右（いいね）か左（スキップ）にスワイプし、2人とも右にスワイプして「マッチ」したら、テキストメッセージを送ってすぐに会うことができます。結婚を前提とした交際ではなく、気軽に友だちを探すことができるのが人気の秘密でしょう。

そこで研究者は、この仕組みを利用し、架空の男女のプロフィール（いずれも24歳）をつくってロンドンに住む異性に「いいね」を送り、どのような反応があるかを調べました。

それによると、男性のあるプロフィールでは8万6440件の「いいね」を送ったのに対し、相手が「いいね」を送り返してくれたのは234件で、マッチ率は0・27％でした。それに対して女性のあるプロフィールでは、1万30件の「いいね」に対して2319件の「いいね」が返ってきたので、マッチ率は23・1％です。この2人のマッチ率には100倍ちかい差があったのです。

平均すると男性のマッチ率は0・6％で、およそ200回に1回しかマッチしません。それに対して女性の平均マッチ率は10・5％ですが、「いいね」を送ったすべての相手が画像を見ているわけではないので、これは下限です。研究者が行なったアンケート調査では、女性の6割が、「いいね」を押した半分以上がマッチすると答えており、こちらの方が実態にちかいでしょう。

ここからわかるのは、マッチングアプリが恋愛を自由化し、男女の（生物学的な）性差をより拡大させていることです。選ばれる側の男性ユーザーは片っ端から「いいね」を送り、女性ユーザーはそれを徹底して選り好みして、気に入った相手と高い確率でマッチしているのです。

これは、恋愛の第一段階では女性が圧倒的な「強者」になるという進化心理学の予想と整合的です。そしてこの（進化の過程でプログラムされた）女性の選り好みが、非モテやインセル（非自発的禁欲主義者）と呼ばれる恋愛「弱者」の若い男性を生み出すのでしょう。

参考：Gareth Tyson et al.（2016）A First Look at User Activity on Tinder, arXiv

「闇バイト」に申し込むのはどういう若者なのか？

多額の現金がある家を特定し、ＳＮＳで集めた「闇バイト」を使って強奪する凶悪事件が全国で多発し、社会不安が高まっています。主犯と目された容疑者がフィリピンから強制送還されたことで全容の解明が待たれますが、ここでは末端の実行犯について考えてみましょう。

報道によると、彼らの多くは「日当１００万円」などの投稿をＳＮＳで見つけて連絡し、求めに応じて運転免許証の画像などを送っていました。その後、強盗であることがわかって躊躇したものの、「家族に危害が加えられるのでやめられなかった」などと供述しているようです。共通するのは、犯罪行為を強要されたとき警察に相談するなど他の選択肢を考えることなく、「しかたない」と受け入れてしまっていることです。

精神科医の宮口幸治さんは、医療少年院などで出会った少年たちのことを、ドキュメント小説『ケーキの切れない非行少年たちのカルテ』（新潮新書）で描いています。その登場人物のなかに、田町雪人という（架空の）少年がいます。貧しい母子家庭で育ち、6歳から万引きを始め、中学で児童自立支援施設に入所した雪人は、そこを出てから建設現場で働いたものの、職場での暴力、無免許運転、窃盗、無銭飲食などが続いて16歳で少年鑑別所に入所し、軽度知的障害を疑われたため医療少年院に送致されました。

軽度知的障害はＩＱ（知能指数）がおおむね50～70で、雪人のＩＱは68でしたが、家庭環境などによって低く出ることも多いとされ、障害認定を受けない「境界知能」との差はあいまいです。

雪人はどこにでもいるふつうの若者ですが、小学校3、4年レベルのコミュニケーション力しかなく、繰り下がりのある引き算ができず、丸いケーキを3等分する方法がわかりません。願い事を3つ訊《たず》ねると、「家族がみんな幸せ」「一生困らないお金」「戦争のない世界」と答えました。

少年院で勤勉賞を受けるなど優等生として過ごした雪人は10カ月で出院し、母と2人で暮らしながら、地元の建設会社で働きはじめます。ところが仕事がなかなか覚えられず、遅刻を注意した主任を思わず殴ってしまいます。解雇された雪人は、母の期待を裏切らないために、パチンコ店でたまたま出会った地元の先輩から誘われた仕事を始めます。それは特殊詐欺の受け子でした。

最初の仕事は大阪駅で200万円を受け取ることで、5万円の報酬をもらいました。ところが2度目の相手は知り合いの女性で、100万円の受け取りに失敗してしまいます。先輩から、1週間で50万円用意できないと大変なことになるといわれた雪人は、つき合い始めたばかりのあゆみから借りることにします。あゆみはアルバイトしながら、美容師の専門学校に入る学費を貯めていたのです。

1カ月で利子をつけて返すと約束してあゆみから借金した雪人ですが、返すあてはありません。強く催促された雪人は、あゆみを夜の公園に呼び出して交渉しようとしますが、「嘘つき！　警察に言ってやる！」と叫ばれ、近くにあった石を拾うと後頭部めがけて思い切り殴りつけました。

雪人は裁判で「（知的）障害だからといって刑を軽くしてもらわなくていいです」と述べ、殺人で懲役13年の刑に服した――という物語です。

「寿司テロ」で大騒ぎしている日本は幸運？

2023年4月、ブラジル南部のサンタカタリーナ州の保育施設に25歳の男が侵入、遊んでいた子どもたちを斧とポケットナイフで切りつけ、4〜7歳の幼児4人が死亡し、5人が重軽傷を負いました。男は2週間ほど前から、知人らに「大きなことをする」と予告していたといいます。

その前月には、サンパウロ郊外の学校に通う13歳の男子生徒が、校内で71歳の教師を殺害し、5人に重軽傷を負わせています。この生徒は事件当日、ＳＮＳに「この瞬間を待ちわびてきた」と投稿していました。

これらの襲撃事件が関心を集めたのは、犯行の動機が「注目されたい」という歪んだ自己顕示欲だとされたからです。そのため大手メディアは、英雄視を避けるため容疑者名と写真の公表を見合わせるなど、事件の報じ方に苦慮しているようです。

深刻度はブラジルと大きく異なりますが、日本では回転寿司店で、他の客の寿司に大量のわさびを載せたり、しょうゆ差しをなめたりするなどの動画がＳＮＳに投稿され、大きな社会問題になりました。この迷惑行為によって全国の店舗で顧客が大幅に減少し、監視システムを導入したり、食器や調味料を取り換えるなどの対応を余儀なくされたとして、大手回転寿司チェーンは動画を投稿した少年に対し、６７００万円の損害賠償を求める訴訟を起こしました（２０２３年７月、調停が成立）。

逮捕された容疑者のなかには、動画投稿の動機を「ウケるかなと思った」「面白いと思った」などと供述しているケースもあり、背景に歪んだ自己顕示欲があることは明らかです。こうした行為をやめさせる確実な方法は、ネットで炎上させるのではなく、不適切な動画は無視して拡散させないようにすることでしょう。

ヒトは徹底的に社会的な動物として進化したため、わたしたちの脳は、共同体のなかで評判を獲得すると快感（幸福感）や達成感（自己実現）が得られるようにプログラムされています。この評判は、人類史の大半において、150人程度の小さな集団のなかで、噂などによって暗黙のうちにつくられてきました。

中学・高校時代に体験したであろうスクールカーストは、旧石器時代の評判獲得競争をかなりの程度、再現しています。そこでは、クラスのなかで大きな評判をもつ生徒がカーストの上位を占め、同じカースト上位の異性と恋愛関係になるという厳然たる法則があったはずです。

ところがSNSは、この競争を（理論的には）80億人規模にまで拡張したばかりか、評判を「いいね」やフォロワー数で「見える化」するというとてつもないイノベーションを実現しました。

そうなると、男女の生物学的な非対称性から、性愛市場でより過酷な競争を強いられる若い男のなかに、手段を選ばずに「いいね」を獲得しようとする者が現れるのは避けられません。学校からドロップアウトするなど、不利な立場に置かれている男ほどハイリスクな行動をとることも容易に予想できます。

恋愛が自由になればなるほど、性愛をめぐる競争ははげしくなり、より過激なアピールを試みる者が出てきます。この流れはもう変えられないので、日本人は、現実のテロではなく寿司テロで済んでいることを幸運に思うべきかもしれません。

参考：「教育施設、相次ぐ殺人　容疑者は若者、『注目されたい』願望『有名にさせない』匿名報道も　ブラジル」朝日新聞2023年6月2日

フィッシング詐欺の文面がバカバカしい理由

ある日、「私たちは警視庁です」というメールが送られてきました。「あなたのお子様は窃盗容疑で逮捕され、被害者に280万円の賠償金を支払う必要があります」との文面のあとに、国内銀行の法人口座が5件ほど列挙されています。明らかな詐欺メールですが、それでも思春期の子どもがいる親のなかには背筋が寒くなったひともいるでしょう。

しかしなぜ、こんな悪質で稚拙なメールを送りつけてくるのでしょうか。それは、スパムメールのコストが実質的に無料だからです。詐欺師にとっては、成功確率がゼロに近くても、誰かがひっかかればそれが収益になるのです。

フィッシング詐欺としてよく知られているのが「ナイジェリアの王子」です。莫大な遺産が腐敗した国家に没収されようとしていると窮状を訴え、その資産を受け取る口座を貸してくれたら高額の謝礼を支払うと約束をする一方で、送金のための「手数料」を立て替え払いしてほしいと依頼するのが定番の手口です。

しかしその文面をちゃんと読むと矛盾だらけで、どうせならもっと巧妙な話を（いまなら生成

ＡＩを使って）でっちあげ、返信してくる「潜在顧客」を最大化した方がいいように思えます。でもこれは、あさはかな素人考えです。詐欺師は合理的な理由から、わざと稚拙な文面を使っているのです。

２０１２年に情報セキュリティの専門家が、『なぜナイジェリアの詐欺師は自分自身をナイジェリア人だと言うのか？』という論文でこの謎を解き明かしました。

メール詐欺の特徴は、世界中にスパムをまき散らすのがタダであるのに対して、引っかかってきた魚（被害者）をフォローアップして、資金を振り込ませるのに多大なコストがかかることです。詐欺師にとっての最大のリスクは、あの手この手で説得したあげくに、「やっぱりやめます」といわれることなのです。

こうした〝惨事〟を避けるには、網で多くの魚（潜在顧客）をつかまえるのではなく、だまされやすいごく一部のひとだけを相手にしなければなりません。いわば、イワシの群れのなかから数匹のタイを見つけるのです。

この選別に役立つのが、誰もがバカバカしいと思うつくり話です。そんな話に興味をもって接触してきたひとは、平均よりもずっとだまされやすいはずです。国際ロマンス詐欺も同じですが、メールの文面が稚拙であればあるほど、詐欺師は有望な〝カモ〟に出会う確率を上げ、そこに説得コストのすべてを投入できるのです。

誰もが知っているように、世の中には一定の割合で認知的な脆弱性をもつひとがいます。もっともハイリスクなのは陰謀論にはまりやすいタイプで、自分は特別で、そんな自分にだけは特別な機会（奇跡）が訪れるはずだと思っていると、詐欺師の格好のターゲットになってしまいます。

だまされないためにもっとも重要なのは、平凡な自分を受け入れ、人生に〝奇跡〟など起こらないと納得することですが、これは誰にとっても難しいことなのでしょう。

参考：ダニエル・シモンズ、クリストファー・チャブリス『全員〝カモ〟「ズルい人」がはびこるこの世界で、まっとうな思考を身につける方法』児島修訳／東洋経済新報社

小学5年生の4人に1人が小学1年レベルの算数が解けない

「子どもが14人、1れつにならんでいます。ことねさんの前に7人います。ことねさんの後ろには、何人いますか。」

これは1年生の算数の教科書に出てくる問題ですが、広島県の小学生を対象にした調査では、正答率は3年生28・1％、4年生53・4％、5年生72・3％でした。5年生でも、およそ4人に1人が小学1年レベルの問題が解けません。

誤答を見ると、14から7を引いて「7人」とするなど、文中に出てくる数字を適当に演算したり、せっかく図を描いたにもかかわらず、なぜか全部で15人になっているものなどがありました。「えりさんは、山道を5時間10分歩きました。山をのぼるのに歩いた時間は、2時間50分です。山をくだるのに歩いた時間は、何時間何分ですか。」

これは時間の引き算の問題ですが、正答率は3年生が17・7%、4年生が26・0%、5年生でも53・9%とさらに低くなりました。5時間10分に2時間50分を足して「7時間60分」としたり、510から250を引いて260分とし、これを「2時間60分」に変換したうえで、60分は1時間なので合わせて「3時間」とするなど、そもそも時間の概念がわかっていない誤答が目立ちました。

衝撃的なのは、学年間の成績のばらつきよりも、学年内のばらつきの方が大きいことです。「1／2と1／3は、どちらが大きいですか」の質問で、正答率を上位、中位、下位で比較したところ、3年生の上位は34・1%が正しく答えられましたが、5年生の下位は23・6%でした。進度別のクラス編成では、3年生の上位グループと5年生の下位グループを入れ替えた方がいいことになってしまいます。

この調査でわかったのは、問題文がすこし複雑になったり、抽象度がすこしでも上がると、認知的な処理が追いつかなくなる子どもがかなりの割合でいることでした。小数や分数のような基本的な概念がわからないままだと、その後の授業についていくのは困難で、「やっても無駄」とあきらめる「学習性無力感」の罠に陥ってしまいます。

文科省の調査では、2021年度の不登校の小中学生が24万4940人になり、前年度から24・9%増の過去最多になりました。その理由として、コロナ禍で学校活動が制限されたことなどが挙げられますが、もともと勉強が苦痛だった子どもが登校する意味を見いだせなくなったこともありそうです。

しかしこれは、(よく誤解されるように)いまの子どもたちの学力・知能が低下しているということではありません。

近代の教育制度は、軍隊や工場に最適化された人材を養成するために、同じ年齢の子どもたちを1カ所に収容し、同じレベルの教科を学習させてきました。そこで重視されたのは「みんなが同じ体験をする」ことで、学習内容を理解できているかどうかは二の次だったのでしょう。勉強のできる子どもは大学に進み、そうでない子どもは中学・高校を卒業して働きはじめたのですから、それでよかったのです。

ところが知識社会が高度化すると、小学校から抽象的な思考に適応することを求められるようになりました。しかし人間の脳はそんなふうには進化してはいないので、子どもたちのあいだの認知能力のばらつきが「問題」として浮上してきたのではないでしょうか。

参考：今井むつみ他『算数文章題が解けない子どもたち ことば・思考の力と学力不振』岩波書店

たかがMDMA（ドラッグ）で目くじら立てて……

「合成麻薬ＭＤＭＡで挙げられた某有名女優は警察にとって金星か、マスコミにとって堕ちた天使か、ファンにとって殉教者か。彼女がそれらのいずれにもならぬことを願いたい。いまどき有名スターが合成麻薬で捕まって全国的なスキャンダルになるのは世界広しといえども日本くらいのものだ。たかが合成麻薬ぐらいで目くじら立てて、その犯人を刑務所にやるような法律は早く改めた方がいい」

いまの日本でこんなことをいったらたちまち袋叩きにあうでしょうが、じつはこれは、大物フォーク歌手がマリファナ所持で逮捕されたことを受けて、１９７７年の毎日新聞に掲載された編集委員（関元氏）の「たかが大麻で目クジラ立てて……」という文章の一部を変えたものです。

関氏はここで、マリファナおよび薬物乱用に関する全米委員会の報告書を引きながら、日本のマリファナ取り締まりは科学的というよりタブーめいた先入観に立脚していると批判しています。驚くべきことに、40年前はこうした論説が全国紙に堂々と掲載されていたのです。

その後、欧米社会のドラッグ使用者への扱いは、「犯罪者」から（アルコールやギャンブルの依存症者と同様に）「精神疾患に苦しむひとたち」へと変わっていきます。もちろんだからといって、ドラッグ依存症者への差別がなくなったわけではありませんが、メディアが芸能人のドラッグ使用を暴いたり、それを理由に映画やテレビに出演させないなどということは考えられません。

ギタリストのエリック・クラプトンは映画『12小節の人生』で、アルコールとドラッグに溺れた日々を赤裸々に語っています。ドキュメンタリー映画『オールウェイズ・ラヴ・ユー』では、不世出の歌姫ホイットニー・ヒューストンが、成功の絶頂からドラッグで無残に変わり果てていくさまが描かれました。

さまざまな困難を乗り越え、依存症を克服して人生の後半になってようやく愛を手に入れた男の物語でも、とてつもない才能に恵まれながらも依存症との戦いに敗れ、なにもかも失って死んでいった女性の悲劇でも、ドラッグ使用を批判するような描写はいっさいありませんでした。

欧米では、ドラッグの密売で利益を得ることは犯罪ですが、自分の稼いだお金でドラッグを使うことは「本人の勝手」、ドラッグで人生が破綻したりホームレスになることは「自己責任」、過ちに気づいて依存症を克服しようと決意すれば「支援」の対象です。なぜなら、ドラッグの使用そのものは誰の迷惑にもなっていないからです。

このようにいうと、「出演作品の撮り直しで関係者がものすごく苦労しているじゃないか」というひとが出てきますが、そもそも逮捕などしなければいいだけの話です。

かつての日本は、このような議論がごくふつうにできました。マリファナ合法化に見られるように欧米がどんどんドラッグに寛容になっていくのに対し、日本だけがなぜ逆行し、ますます不寛容になっていくのか。これは日本社会と日本人を考える興味深いテーマかもしれません。

参考：佐久間裕美子『真面目にマリファナの話をしよう』文藝春秋

道徳にきびしい社会ほど不道徳な行ないが増えていく

２０２０年2月、数々のヒット曲をもつシンガーソングライターが覚せい剤所持の疑いで再逮捕されました。本人が使用を否定していることもあり、現時点では真偽はわからないので、ここでは別の視点からこの問題を考えてみましょう。

日本を含む東アジア諸国は薬物に対して厳しく、世界的に合法化が進む大麻ですら刑務所に放り込まれ、薬物の密輸で死刑になる国もあります。それと同時に、薬物の使用は道徳的に許されないこととされており、芸能人ならCMの中止や番組の降板などきびしい社会的制裁を加えられます。

ところで、「道徳」とはいったいなんでしょう？

学校は30人ほどの子どもたちを集めてクラスをつくりますが、これはお互いの名前や性格を覚えられる上限であると同時に、1人の教師が管理できる限界だからです。これ以上、人数が増えると「そんな奴いたっけ？」ということになり、ずる休みしたり好き勝手なことをしていてもわからなくなります。

それにもかかわらず、大人数で集団行動しなければならない場面を考えてみましょう。ここで問題になるのは「抜け駆け」で、収穫作業でひとり占めしたり、戦争で自分だけ逃げてしまうメンバーばかりなら、正直者がバカを見るだけで、共同体はたちまち崩壊してしまいます。

監視カメラがない時代にこうした利己的な行動を防ぐには、あちこちに監視者を置く必要があります。しかしこれは大きなコストがかかるし、その監視者が抜け駆けするかもしれません。そうすると監視者を監視する者を置き……という無限ループにはまりこんでしまいます。

これではとうてい、共同作業などできません。だったらどうすればいいのか？　じつはここで、私たちの祖先はとてつもなく効果的な方法を（進化のちからによって）見つけました。それが「道徳警察」です。

人類がその大半を過ごしてきた狩猟採集社会では、抜け駆けする者は制裁の対象となり、殺されるか村を追われるかしたでしょう。ペットの育種（人為選択）と同じで、これを何百万年も続けていると、抜け駆けすることに罪悪感を抱いたり、ずるをする者に怒りを感じるようなプログラムが脳に埋め込まれるようになるはずです。

共同体の全員が互いに監視し合うようになれば、もはや監視者は不要になり、きわめてローコストで集団を動かすことができます。これを「自己家畜化」といい、道徳の起源だと考えられています。

自己家畜化の選択圧は、遊牧民族よりも、狭い土地にたくさんの人間が集住する農耕社会、とりわけ米作文化でより強くはたらいたでしょう。これがおそらく、東アジアが「道徳警察社会」になった理由です。

薬物依存は欧米では「治療が必要な病気」とされており、日本でもほとんどの精神科医はこの立場です。ところが誰もが道徳警察官の社会では、薬物依存者は助けを求めることができません。なぜなら、その瞬間にすべてを失ってしまうから。

依存症は、意思のちからで克服することがきわめて困難です。だとすればあとは、ひたすら隠れてその行為をつづけようとするだけでしょう。

このようにして、道徳にきびしい社会ほど不道徳な行ないが増えていくのです。

女優の不倫ばかりがなぜ大きく報じられるのか？

有名女優と有名シェフのダブル不倫が世間を騒がせました。手書きのラブレターが公開されたり、女優の夫（のちに離婚成立）が「謝罪会見」を行なうなどさまざまな話題を提供しましたが、こうした報道の洪水に違和感を覚えるひともいるでしょう。リベラリズムの原則は「他者に危害を加えないかぎり、個人の自由な行動は最大限認められるべきだ」です。不倫は家族に傷を負わせるかもしれませんが、その「危害」が第三者に及ぶわけではありません。誰を好きになるかは私的な問題で、そこで生じた紛争は当事者間で解決すればいい話です。

欧米を中心に同性婚が広まっているのは、誰が誰と結婚しようが第三者に直接の危害が加えられるわけではないからです。そこで保守派は、この原則を拡張して、「日本の社会（国体）が壊されてしまう」という〝間接的な危害〟を訴えることになります。

だとすれば有名人の不倫も、純潔を否定し社会の風紀を乱すから批判されるのでしょうか。そうともいえないのは、与党の大物政治家の不倫が報じられても、「ああ、またか」という感じで、さしたる話題にもならないからです。ここには、男の不倫は「甲斐性《かいしょう》」と見なされても、女の不倫は許されないという顕著な不均衡があります。

芸能人である以上、私的なことを（一定程度）報じられるのは仕方ないでしょうし、広告スポンサーが商品イメージに反する行為をしたタレントとの契約を打ち切るのも当然でしょう。しかしそれでも、私的なことで映画やテレビドラマを上映・放映中止にするのは明らかに行き過ぎです。

ではなぜ、このような「どうでもいいこと」でメディアは大騒ぎするのか。その理由は、ジャニーズ事務所の創設者が多数の少年に性加害を行なっていたという、日本の芸能界を揺るがす事件と比べてみればわかります。

メディアがジャニーズ関連の報道に及び腰なのは、多くの人気タレントを擁する芸能事務所の「圧力」を恐れているというのもあるでしょうが、これが業界用語でいう「面倒」な案件になっているからです。

報道によれば、性加害の実態解明や被害者支援を求めて署名活動を行なう一部のジャニーズファンに対し、SNSでは、「ファンだとうそをついて、ジャニーズを陥れようとしている」「二次加害を与えて被害者を増やそうとしている」などの誹謗中傷が相次いでいるといいます。

各個人がファンであるかどうかに客観的な基準があるわけではない以上、自分とは主義主張の異なる活動を「ファン」の名の下に行なうことを不快に思うファンもいるでしょう。それに加えて、こうした反発の背後には、「ジャニーズの事件を利用して〝社会正義〟の活動を行なっているのではないか」という疑心暗鬼もありそうです。

このような複雑なケースでは、メディアはどのような報道をしても、批判や抗議を避けられません。だとしたら、「そんなのはほかに任せておけばいい」というのは合理的な判断です。

それに比べて女優のダブル不倫は、確実に視聴率やアクセス数に貢献し、抗議を受ける心配もありません。何を大きく報道するかは、善悪や正義ではなく、こうした単純な商売力学によって決まるのでしょう。

日本には1億人の「被害者」がいる

近所にあるチェーンの居酒屋でランチを食べていたときのことです。厨房のスタッフが配膳に出てくるのを見て、混んできたのかなと思ったら、一人の客がホールスタッフの女性と話し込んでいることに気がつきました。50代と思《おぼ》しき男性で、席がちょっと離れていたので正確にはわからないのですが、メニューの金額表示についてなにごとか問いただしています。

私が理解した範囲では、「1000円までの注文に対して割引します」のような記載があって、そのつもりで頼んだら、それは「税込み1000円」の意味だった。それに対して男性は税抜きでギリギリ1000円に収まる分を注文してしまい、結果として割引がきかないのに食べたくもないものに余分なお金を払わなくてはいけなくなった、というような話です。それに対して女性スタッフが「ここに書いてあります」とメニューを見せながら何度も説明するのですが、男性は納得せず、「そんな書き方じゃわからないっていってるだろ」とだんだん声が大きくなってきます。

店内はスタッフが足りず、配膳できないテーブルが増えて時間を気にするひともいますが、男性はそうした状況に気づかないらしく、えんえんと文句をいっています。10分以上押し問答をつづけたあげく、荷物をまとめて立ち上がったのでようやく終わったと思ったら、今度はレジの前で仁王立ちになって「責任者を呼べといってるだろ」と大声をあげはじめました。

厨房から出てきたのは30代くらいの女性で、「あんたがこの店の責任者なのか」と確認すると、男性は先ほどと同じ苦情をいいはじめました。どうやらこの店の常連で、以前の店長と顔見知りだったらしく、女性店長が、「本部に聞いてみないと私からはお答えできません」と説明をしてもまったく納得しません。「そんな時間はないんだよ。どうするんだって訊いてるだろ。いますぐ答えろよ」と怒鳴り声をあげます。

大の男が女性を怒鳴りつけるのは見ていられないものがありますが、こういうときに第三者が間に入るとさらに激昂《げきこう》する可能性があるので、手をあげるようなことならともかく、傍観するしかありません。

そのあと、男性のいったひと言で店じゅうが凍りつきました。

「このいい加減なメニューのせいで、5円余分に払うことになったんだ。それをどうするんだって、訊いてるんだよ！」

この男性は、わずか5円のことで怒り狂っていたのです。

けっきょく店長がレシートの金額から5円を差し引くことにしたらしく、ようやく男性は会計を終えて出ていきました。

そのあと、私が会計を済ませて店を出ると、例の男性がまだエレベーターホールにいて、一緒に乗り込むことになりました。男性はずっとスマホを見ていたのですが、ひと言「ちくしょう」と呟《つぶや》きました。

この男性はどこから見てもモンスタークレーマーで「加害者」ですが、本人としてはカスハラをしたなどとはまったく思っておらず、自分こそが理不尽なことをされた「被害者」なのです。

こうした問題の解決がなぜ難しいのか、思い知らされた出来事でした。

Part 3

よりよい社会／
よりよい未来を目指して

京アニ事件でこそ死刑廃止を議論すべき理由

36人が死亡した京都アニメーション放火事件の被告に地裁で死刑判決が下されました（その後、被告側が控訴）。裁判では被告が社会から孤立していく過程が明らかになり、「誰もが自己実現を目指さなければならない」というリベラル化する社会の矛盾が浮き彫りにされましたが、この問題についてはすでに別のところ（Part1）で書いたので、今回は死刑制度について考えてみたいと思います。

広く知られているように世界の大半は死刑を廃止し、OECD38カ国のなかで死刑制度存置国はアメリカ、日本、韓国（1997年以降、執行はなし）のみとなりました。死刑執行が圧倒的に多いのは中国、イラン、サウジアラビアの3カ国で、それ以外の国は徐々に執行数が減っており、この流れは今後も変わらないでしょう。

日本で死刑制度の議論がこじれるのは、リベラルが「いのちは大切だ」と唱えて廃止運動を行なってきたからです。そうなると当然、「理不尽にいのちを奪われた被害者はどうなるのか」という話になり、収拾がつかなくなってしまいます。

ここで指摘したいのは、死刑廃止を推進するのはアムネスティのような人権団体だとしても、死刑を廃止した国がみな「リベラル」というわけではないことです。移民問題で混迷する欧州では近年、排外主義の右翼政党が勢力を伸ばしていますが、だからといって「死刑制度を復活させろ」とは誰も主張しません。

ここからわかるのは、制度の廃止まではげしい対立があったとしても、いったん廃止すると、保守派も含め誰も元に戻そうとは思わないことです。檻《おり》に閉じ込められた動物は、じゅうぶんな食事を与えられていても弱って死んでしまいます。だとしたら、死刑よりも生涯にわたり収監する方が重い罰かもしれません。

日本では死刑が「極刑」とされているため、死刑に反対すると「加害者を許すのか」と反発されます。ところが2008年、仮釈放のない終身刑を導入するとともに、死刑の執行を一定期間停止するという議論を超党派の国会議員が始めたとき、死刑存置派の元法務大臣は「人を一生牢獄につなぐ刑は最も残虐ではないか」として反対しました。ここでは、死は苦しみから逃れるための「恩寵《おんちょう》」とされています。

死刑が犯罪の抑止になるという主張は、死刑廃止国で殺人などの重罪が増えていないことから、いまでは否定されています。そればかりか日本では、「自殺する勇気がない」という理由で死刑を目的とする凶行が相次いでいます。被害者の処罰感情が理由にあげられますが、死刑に処してしまえば「なぜあんなことをしたのか」と問うこともできません。

平成から令和の変わり目でオウム真理教事件の死刑囚13人の刑が執行されたように、日本では死刑は「けじめ」であり、事件の風化を懸念する被害者遺族に対して、「加害者は死んだんだから、不愉快なことをこれ以上蒸し返すな」という社会的圧力に利用されています。

京アニ事件の被告は、裁判での供述をみるかぎり、自分がなにをしたか理解できているようです。だとしたら死刑によって罪から「解放」するのではなく、生涯にわたって自らの罪と向き合わせるという〝懲罰〟もあり得るでしょう。――この事件の遺族の一人は、「死刑にはなってほしくなかった」「彼が死刑にされてしまったら、なにが残るんかな」とメディアに答えています。

これまでの死刑廃止運動は、冤罪事件や、そうでなければ死刑囚が自らの過去を悔い、文学作品を発表するような特殊な例を好んで取り上げていました。しかしこれでは、死刑に対する社会の価値観を変えることはできないでしょう。

京アニ事件のような「誰一人擁護できない犯罪」でこそ、死刑について真剣に議論すべきなのです。

死刑制度のある日本は犯罪に甘い国?

死刑制度をどうするかは、日本におけるもっともセンシティブな問題のひとつです。存続派は「死刑を廃止すると凶悪犯罪が増える」と主張しますが、多くの研究では、死刑があるから強盗や殺人を思いとどまっているという証拠はありません。逆に日本の場合、「自殺する勇気がないから、無差別殺人をして死刑にしてもらう」という動機で犯罪が起きています。

とはいえ、ここでいいたいのは別のことです。死刑を廃止した国は、それによって安全が脅かされるリスクを受け入れたのでしょうか。

イギリスでは子どもを性加害から守るために、独立の機関が採用予定者の過去を調査し、就業を禁止できるようにしています。日本でも同様の制度が創設されそうですが、こちらは裁判で有罪が確定したケースをデータベースで調べるだけです（2024年6月、日本版DBSとして法律が成立）。

司法手続きを通さずに市民の権利を制限するというのは日本では考えられませんが、驚くのはこれだけではありません。イギリスでは2003年、リベラルな労働党政権によってIPP（公衆保護のための拘禁）が導入され、刑期が満了しても、釈放後に再犯の可能性が高いと見なされると、期限を定めずに収監を継続できるようになりました。この法律は12年に廃止されましたが、その時点で刑期を終えた6000人以上が収監されていたといいます。同様の制度は、カナダ、ドイツ、オーストラリア、ニュージーランドなどリベラルな先進国でも導入されていて、性犯罪、とりわけ小児性犯罪が主な対象となっています。

「実質的な終身刑」が人権侵害だと批判されると、次は「去勢」です。ドイツでは25歳以上の性犯罪者を対象に、本人の同意を得たうえで「去勢手術」を行なっています。スウェーデンやデンマークなどリベラルな欧州の国にも、保釈を認める条件として人為的にテストステロン値を下げる制度があります。

イギリスには、２０００年にスタートしたＤＳＰＤ（危険で重篤な人格障害）に対する制度もありました。「その法のもとで危険だと考えられる人物を、たとえなんら犯罪をおかしていなかったとしても、警官が逮捕し、検査と治療のためと称して施設に送ることができる」制度だとされますが、中国が新疆でウイグル人に対して行なっていることとどこがちがうのでしょうか。

こうした事例からわかるのは、リベラルな先進国ほど、死刑を廃止する一方で予防拘禁を導入していることです。逆にいえば、死刑を廃止できるのは、社会にとって危険な人物は刑務所（あるいは精神科病院）に収容しておけばいいと考えているからでしょう。

わたしたちは人類史上未曽有の「とてつもなくゆたかで、とてつもなく安全・平和な社会」を実現しましたが、それによって身体的・精神的に危害を加えられることに強い不安を感じるようになりました。欧米諸国では、とりわけ子どもが犠牲になるリスクをいっさい許容できなくなっています。

そんな「先進国」から見ると、死刑制度を頑強に維持する日本は、犯罪に甘い国だと思われているかもしれません。

参考：エイドリアン・レイン『暴力の解剖学―神経犯罪学への招待』高橋洋訳／紀伊國屋書店

観光振興はカジノ特区ではなく大麻解禁で

コロナ後はじめての海外旅行で、香港と東南アジアを回ってきました。タイのバンコクは、悪名高い渋滞は相変わらずですが、高級ホテル、高層オフィスビル、ショッピングモールなどが続々とオープンし、中心部のコンドミニアムの販売価格は一部屋1億～5億円ですから、もはや六本木などと変わらなくなりました。

もうひとつの大きな変化は、2022年6月に大麻が事実上解禁されたことです。法的には医療目的などに限定されているものの、違法薬物リストから除外されたことで、バンコクでは大麻ショップが乱立しました。大麻草を使った料理を出すレストランやカフェもあり、コンビニでは大麻入りのジュースが売られるなど、さながら「マリファナバブル」の様相を呈しています。

薬物使用を重罪として取り締まる「麻薬戦争」が失敗したことで、世界的に大麻の合法化・非犯罪化が進んでいます。先陣を切ったのはオランダでしたが、現在ではヨーロッパはほぼ非犯罪化され、アメリカでもカリフォルニア州など多くの州で合法化されています。

それに対してアジアでは、大麻の所持・使用の最高刑が死刑の国も多く、日本と同じ「ダメ。ゼッタイ。」政策を採っています。そのなかでタイが大麻を解禁したインパクトは大きく、「タイ・バーツが高くなったのは大麻が外国人観光客を惹きつけたから」との説が広まるなど、一定の経済効果はあったようです。

タイでは酒の販売・提供が午前11時から午後2時と、午後5時から午前0時までしか認められていないほか、選挙の前日と当日、仏教に関連する祝祭日は禁酒日です。アルコールを規制しつつ大麻を解禁するのは矛盾しているように思えますが、その背景には近年のタイ政治の混乱があり、政党同士の合従連衡のはずみで極端な政策が実現しやすくなっているのだと説明されました。

子どもが大麻入りのクッキーを食べて病院に搬送される事例が相次ぐなど、大麻解禁には批判も多いようですが、勃興しはじめた大麻ビジネスをいまさら全面禁止するのは難しそうです。

そもそも大麻については、依存性や毒性がニコチンやアルコールよりも低く、鎮痛・鎮静・催眠などの医療的効果があることもわかってきて、国家が嗜好品《しこう》としての使用を禁じる根拠が揺らいでいます。大麻が「ゲートウェイドラッグ」になって違法薬物の乱用が拡まるとの危惧もありますが、実質解禁した欧米諸国でそのような事態が起きているようには見えません。

リベラリズムの基本は、他者の権利を侵害しないかぎり、悪癖を含む自由な選択を個人に保証することです。大麻に他者危害の恐れがないのであれば、「リベラル」を掲げるメディアや識者は率先して解禁の旗を振らなければなりません。

「カジノ特区」には、ギャンブル依存症を理由とした根強い反対があります。だとしたら日本も、依存性の低い大麻によって観光振興を図ったらどうでしょう。これならば、リベラリズムに背を向ける隣国とのちがいを、世界に向けて効果的にアピールすることもできるでしょう。

共同親権導入に向けて戸籍制度を廃止しよう

日本では、離婚すると子どもの親権を父親と母親のどちらかが持つことになります。これが「単独親権」で、日本人は当たり前と思っていますが、いまや世界では少数派です。

離婚によって夫婦関係は解消されますが、親子の関係までなくなるわけではありません。そう考えれば、「どちらか一方しか親として認めない」という制度には無理があります。

子どもは離婚後も、父母の双方を親と思っているでしょう。それにもかかわらず、法律によって父子、あるいは母子のいずれかの関係を強制的に切り捨てるのは、子どもの人権の観点から重大な問題があります。

法律家のあいだでも、単独親権によって離婚訴訟がこじれ、その後の面会や養育費の支払いの障害になっているとの認識が広まっています。裁判所は「幼い子どもの養育には母親が必要」との立場なので、父親が親権を失うことがほとんどです。「親でなくなった」ことで子どもと面会すらさせてもらえないなら、真面目に養育費を払う気もなくなるでしょう。

その結果、日本では離婚による母子家庭のうち、養育費を受け取っているのが4〜5人に1人しかいないという異常なことになっています。国際比較で日本はシングルマザーの貧困率が極端に高いのですが、その原因の一端は、「母親が親権を独占した結果、父親が子育てを支援しなくなる」ことにあります。

いまや先進国で単独親権は日本くらいになったこともあって、法務省は共同親権の導入に向けた研究会の設置を決めました。しかし、ここにはやっかいな問題が控えています。それが「戸籍制度」です。

ほとんど指摘されませんが、戸籍は世界のなかで日本、中国、台湾にしかないきわめて特殊な制度です（韓国も戸籍制度を採用していましたが、2008年に廃止されました）。

日本が単独親権なのは、夫婦が離婚したあと、子どもがどちらの「イエ（戸籍）」に入るかを決めなくてはならないからです。母親が親権を持てば、子どもは父親の戸籍から排除されます。そうなると父親の親族は、「ウチのイエの子でもないのにお金を渡す必要なんかない」と考えるようになるでしょう。養育費の不払いがさしたる問題にならないのは、「イエ」の論理によって、社会がそれを許容しているからです。

戸籍制度をそのままにして共同親権を導入すると、（たとえば）子どもは母親の戸籍に入れて、父親にも親権を持たせるようにするしかありません。しかしこれでは、父母は対等の関係になりません。祖父母など親族や周囲も、母親が「ほんとうの親」で、父親は「にせものの（二次的な）親」と考えるに決まっています。結局、いまの単独親権をちょっと言い換えただけになってしまうのです。

「親権があるって主張するけど、戸籍上の親じゃないんだから黙ってろ」という話にならないようにするためには、まず戸籍制度を廃止する必要があります。そもそも近代的な市民社会を、「個人」ではなく「イエ」単位で管理することがおかしいのです。

共同親権の導入可否を検討する法務省の研究会は、はたしてこの議論に踏み込めるでしょうか？　大いに期待したいと思います。

【追記】

２０２４年5月に共同親権導入を柱とする改正民法が成立し、２年以内の施行が決まりましたが、戸籍の扱いについて議論されたようには思えません。

日本で安楽死が認められないのは、日本人が「愚か」だから

難病の筋萎縮性側索硬化症（ＡＬＳ）の女性が、ネットで知り合った医師２人から鎮静薬を投与され死亡した事件（２０１９年11月）が波紋を広げています。主犯とされる医師はツイッター

（現・X）に「安楽死外来（仮）やりたいなあ」などと投稿する一方で、妻によると頻繁に「死にたい」と訴え自殺未遂もあったとされ、犯行の動機については不明な点が多いままです。

その一方ではっきりしているのは、ALSを患う女性が自らの意思で安楽死を望んだことです。彼女は（パソコンのスクリーン上のキーボードを視線の動きで感知する）視線入力でブログやSNSに自らの思いを投稿していましたが、そこには「惨めだ。こんな姿で生きたくないよ」「すごく辛い。早く楽になりたい」などの言葉が並んでいました。

報道によれば、女性はスイスの自殺ほう助協会の利用を考えたものの、付添人が自殺ほう助で罰せられる可能性を知って断念し、SNSでやりとりするようになった医師に依頼し、報酬として130万円を支払ったとされます。

それにもかかわらず一部の論者は、「津久井やまゆり園事件」を引き合いに出して、これを「優生学」と批判しています。知的障害者施設で大量殺人を実行した男は、たしかに「重度・重複障がい者を育てることは莫大なお金・時間を失うことにつながる」などと主張し「生命の選別」を正当化しました。しかし今回の事件では、女性は報酬まで支払っているのですから同列に扱えないのは明らかです。

ヒトラーは「戦争は不治の病人を抹殺する絶好の機会である」と述べ、ナチスは知的・身体的・精神的な障害のある国民を「安楽死施設」で組織的に殺害しました。1976年に元衆議院議員を中心に発足した日本安楽死協会が「末期医療の特別措置法案」の国会提出を目指したとき、

「人権派」や身体障害者団体は「ナチスの優生思想と同じ」と猛烈と批判しました。その結果、団体は法案提出を断念し「日本尊厳死協会」と改名して、「安らかな死」を求めるリビング・ウィルの普及を目指すようになります。

これ以降、日本では安楽死を議論することはタブーになり、それは40年以上経ったいまも変わりません。死の自己決定権について語ろうとすれば、即座に「優生学」のレッテルを貼られ公的空間から排斥されてしまうのです。

オランダやベルギーなどでは安楽死が条件付きで合法化されており、（ALSの女性が望んだように）栄養補給を止めて死に至らしめることを実質的に認めている国はもっと多いでしょう。ではなぜ、日本では議論すら許されないのか。

その理由はきわめて明快で、「日本人の民度が低いから」です。そのときに使われる定番の理屈は、「欧米と比べて同調圧力の強い日本で安楽死を認めれば、社会や家族の都合で生死が決められるようになる」です。これは、「日本人は愚かだから欧米と同じことをするのは無理だ」というのと同じです。

この論理がグロテスクなのは、愚かな日本人を「説教」する自分が特権的に優れていることを当然の前提にしているからです。よりよく死ぬことを求めたALSの女性は、リベラルの〝知的優生学〟と〝自虐史観〟の犠牲者でもあるのです。

若者が「苦しまずに自殺する権利」を求める国

小樽市の女子大生（22歳）の遺体が札幌市内のアパートで見つかった事件（２０２２年10月）で、このアパートに住む自称元自衛官・元傭兵《ようへい》で無職の53歳の男は、本人の依頼によって殺したと供述しました（２０２４年5月に懲役6年が確定）。報道によれば、男は知人に対して「人をわりと平気で殺せる人なんかなかなかいないですよ」「ただ役に立ちたいだけ」などと述べて、ＳＮＳで知り合った自殺願望のある複数の女性を殺害・解体したとも話していたとされます。

この女子大生がどのような理由で元傭兵の男に会いにいったのかはまだわかりませんが、コロナ禍で若い女性の自殺が増えていることは間違いありません。政府の自殺対策の指針となる「自殺総合対策大綱」（２０２２年）でも、２０１７年との比較で、女性の自殺者数が19歳以下で69・８％増、20代でも47・４％増と大きく増加しており、「非常事態は続いている」と述べられています。

社会調査によれば、日本社会でもっとも幸福度が高いグループは大卒の若い（20代／30代の）女性です。それにもかかわらず、死を考えるようになるのは一人ひとり異なる重い事情があるのでしょうが、確かなのは「未来に希望がない」と思っていることです。

ここまでは多くのひとが同意するでしょうが、メディアが触れたがらないのは、「なぜ若者は将来に絶望しているのか」です。

２０２０年1月に自民党の政治家がＳＮＳで「あなたたちのために政治に何ができますか？」と訊いたところ、「早く死にたい」「苦しまずに自殺する権利を法制化してほしい」という要望が殺到しました。「正直、将来に対する不安が多様で大きすぎて早く死にたいと毎日考えています。（略）安楽死の制度化ばかりを望んでいます」「自分の子に迷惑をかけ、何も生産できず、死ぬのを待つだけなら、条件付きの安楽死を合法化してほしいです」などと、20代の若者が政治家に訴えるのが日本という国なのです。――その後、大手新聞が若者に望むことを訊いたときも、「死ぬ権利」を求める意見が多くあったといいます。

若者たちの大きな不安の背景にはなにがあるのでしょうか。それはアンケートを読めばわかります。彼ら／彼女たちが繰り返し訴えているのは、「このままでは高齢者に押しつぶされてしまう」という言い知れぬ恐怖なのです。

日本は人類史上未曽有の超高齢社会に突入し、「現役世代（20～64歳）何人で高齢者（65歳以上）を支えるか」を見ると、１９７５年には7・7人で1人の高齢者の負担を肩代わりしていたのに、２０２５年は1・9人に1人、２０５０年には1・4人に1人へと状況は急速に悪化していきます。先進国では人口動態はほぼ変わらないので、これは予測ではなく、「確実にやってくる未来」です。

政府は年金制度を維持するために、国民年金の保険料納付期間を現行の60歳未満から65歳未満へと延長する検討に入ったようです。とはいえ、この程度では超高齢化の重圧にとうてい対処できず、いずれ年金支給開始年齢が70歳、あるいはそれ以上へと大幅に引き上げられるのは避けられないでしょう。

この冷酷な現実が日本の若者たちを脅えさせていますが、テレビや新聞の視聴者・読者の大半はいまでは高齢者に占められているので、メディアはこの事実（ファクト）に触れることができないのです。

参考：「（不安に寄り添う政治のあり方勉強会向け）Ｔｗｉｔｔｅｒでの不安アンケート収集結果」参議院議員 山田太郎事務所、２０２０年２月12日

「新しい資本主義」が目指すのはグロテスクな世代間差別をなくすこと

「新しい資本主義」は岸田政権の大看板ですが、施政方針演説やその後の国会質疑でも具体像は語られず、野党からは「ぬかに釘」と批判されています。それでも、ＤＸ（デジタル・トランスフォーメーション）や気候変動対策、経済安全保障などと並んで、「格差」に取り組む決意は繰

り返し表明されています。

格差というと富裕層と貧困層の二極化の話になりますが、日本の場合、その背景には正規／非正規の「身分差別」、親会社／子会社の「所属による差別」、海外の日本企業で行なわれている本社採用／現地採用の「国籍差別」などのさまざまな「差別」があります。

日本の知識人は右も左も、「終身雇用、年功序列の日本的雇用が日本人（男だけ）を幸福にした」として、「グローバル資本主義の雇用破壊を許すな」と大騒ぎしてきました。ところがその実態はというと、彼らの大好きな日本的雇用が、重層的な差別によって「日本人」や「（本社）正社員」など特権層の既得権を守ってきたのです。

このことは一部の経済学者がずっと前から指摘していましたが、「リベラル」を自称する識者たちは、こうした批判に「ネオリベ（新自由主義）」のレッテルを貼って罵詈雑言を浴びせ、封殺してきました。

差別を容認する者は、定義上、「差別主義者」です。最近になってジョブ型雇用（らしきもの）を推進できるようになったのは、日本的雇用の差別性が司法によって次々と指摘され、このままでは「差別主義者」の烙印を捺されてしまうと気づいた（自称）リベラルが黙るようになったからでしょう。

差別をなくすには、それを生み出す日本的雇用を徹底的に「破壊」するしかありません。「あらゆる差別と戦う」と喧伝してきた労働組合、リベラル政党、リベラルなメディアは、（彼らが

「差別主義者」でなければ）諸手をあげて「働き方改革」に賛同するでしょうから、これこそが岸田政権が真っ先に取り組むべき課題です。

日本社会のさらなる大きな格差は、高齢者／現役世代の「世代間差別」です。人口推計では、２０４０年には国民の３分の1が年金受給者（65歳以上）になり、社会保障費の支出は約２００兆円で、現役世代を５０００万人とするならば、その負担は1人1年当たり４００万円です。

「世代会計」は国民の受益と負担を世代ごとに算出しますが、２０２３年度の内閣府「経済財政白書」では、年金などの受益と、税・保険料などの負担の差額は、21年末時点で80歳以上の世代がプラス６４９９万円、40歳未満がマイナス５２２３万円で、その差は約1億２０００万円とされました。――この数字があまりに不都合だったからか、その後、政府による試算は行なわれていません。

人類史上未曾有の超高齢社会が到来したことで、いまの若者たちは「高齢者に押しつぶされてしまう」という恐怖感を抱えています。その結果、政治家がネットで「あなたたちのために政治に何ができますか？」と訊くと、「安心して自殺できるようにしてほしい」と〝自殺の権利〟を求める声が殺到する国になってしまいました。

未来を担う若者が生き生きと働ける社会を目指すのなら、このグロテスクな世代間差別を是正しなければなりません。これこそが、岸田政権が実現すべき「新しい資本主義」になるでしょう。

行政が崩壊しても日本社会を改革できない最大の原因

２０２４年１月１日に能登半島を襲った地震は、死者・安否不明者合わせて２６０人超の被害を出しました。被災者には高齢者も多く、今後は避難所での災害関連死が増えることが危惧されます。

人的被害と並んで大きな問題になるのは、地震や土砂災害で寸断された道路や鉄道、上下水道など公共インフラの復旧です。能登半島は日本でも過疎化が進む地域で、高齢化による自然減によって人口が急速に減少しています。巨額の復興資金を投じて道路や橋、鉄道を元通りにしても、将来的には利用者がいなくなってしまうかもしれません。

このように書くと「弱者切り捨て」に思われそうですが、そもそも自然災害がなくても地方のインフラは維持困難になっています。

２０２３年末に公表された国交省の調査では、政令指定都市を除く市区町村が管理する施設のうち、堤防・護岸などの85・９％、橋梁《きょうりょう》の60・８％、トンネルの47・４％が修繕していませんでした。その理由は、必要な予算や職員を確保できないことです。総務省によれば、市町村の歳出で道路や橋などの整備に充てる2021年度の土木費は6兆5000億円程度で、ピーク時の1993年度から43％減りました。高齢化で社会保障費が膨らみ、公共事業に回す余裕がなくなっているのです。

インフラ整備にあたる技術系職員も不足したままで、全体の25％にあたる437市町村は1人も確保できていません。数十年にわたって技術系職員がいない町の担当者は、「募集はしているが応募がない」と話しています。

「朽ちるインフラ」の背景にあるのは、いうまでもなく、超高齢化と人口減少です。2100年には人口が半減し、6300万人程度になると政府は見込んでいますが、民間有識者でつくる「人口戦略会議」は、少子化対策などで人口を8000万人台で安定させなければ「完全に社会保障が破綻する。地域インフラの維持も難しくなり、社会の様々な場面で選択肢が狭められる」と提言しました。

人口減の影響は突然現われるのではなく、徐々に地域社会を蝕《むしば》んでいきます。すでに一部の町村では、医療や介護だけでなく、ゴミの収集すら難しくなっています。これまで当たり前のものとして享受してきた行政サービスすら提供できない実態は、これからますます顕在化してくるでしょう。

少子化対策が成功して出生率が回復したとしても、いま生まれた子どもが労働市場に参入するのに20年ほどかかります。即効性のある対策は高い技能を持つ外国人の永住・定住だとされますが、国民のゆたかさを示す1人あたりGDPで日本はシンガポールや香港に大きく引き離され、韓国や台湾にも抜かれようとしています。日本はもはや「ビンボーな国」で、優秀な外国人にとって魅力的な働き場所ではないのです。

しかしこの問題の最大の障害は、日本社会の中核にいる団塊の世代が、自分が死ぬまで満額の年金を受給できさえすれば、そのあとのことはどうでもいいと思っていることでしょう。これではどんな改革も不可能で、この現実を直視しないかぎり、すべての提言は空理空論になってしまうのです。

参考：「人口減抑制、野心的目標を」日本経済新聞2024年1月10日　「老いるインフラ、地方で放置深刻」日本経済新聞2024年1月11日

超高齢社会で際限なく増える行政コストは誰が負担するのか？

人類史上未曽有の超高齢社会を迎えた日本では、頼れる身寄りがいない一人暮らしの高齢者が急増しています。そこで政府は、病院や施設に入る際の保証人や手続き、認知症になったときのお金の管理から葬儀や遺品整理まで、自治体が継続的に支援する取り組みを検討していると報じ

られました。

厚労省の構想では、市町村や社会福祉協議会（社協）などの相談窓口に「コーディネーター」を配置し、法律相談や終活支援、財産管理、死後の残置物処分などを委託できる民間業者とつなぎます。この場合、契約手続きは行政が支援しますが、業者との契約費用は相談者が負担することになります。

もうひとつの事業は、市町村の委託・補助を受けた社協などが、「介護保険などの手続き代行から金銭管理、緊急連絡先としての受託、死後対応などをパッケージで提供」するもので、「国による補助で少額でも利用できるようにする」とされています。そうなると当然、この「補助」は公費から支出されることになります。

現在でも自治体に支援を求める高齢者は増えつづけていて、2024年4月に公表された国の調査（福祉事務所などを含む913自治体が回答）では、「銀行に同行して振込を支援（連携先との協働も含む）」は20・3%、「救急車に同乗」は18・3%、「入院手続きを代行」は20・1%、「転居時のごみの処分」は28・4%が対応していると回答しています。これだけでも大変そうですが、厚労省のプランでは、さらに多くの高齢者支援が自治体の業務に加えられることになります。

この報告書では、「役所や病院に提出する書類を自力で作ることが難しい人」が、（高齢者施設を除いて）在宅だけで550万人いると推計しています。さらに国立社会保障・人口問題研究所の推計では、65歳以上の一人暮らし世帯は20年の738万から、30年には887万、50年には1084万に増え、65歳以上の「独居率」は50年には男性で26・1%、女性で29・3%と、3〜4人に1人に達します。

また厚労省は、2040年に認知症者が584万人に増え、前段階の軽度認知障害を加えると、65歳以上の1200万人、およそ3人に1人がなんらかの認知的な障害を抱えると推計しています。これは高齢者施設で受け入れ可能な数を大幅に超えており、いずれ認知症者が街にあふれるのは避けられそうもありません。

岸田政権の「子育て支援金」が、現役世代が負担する社会保険料を財源にしていると批判されていますが、奇妙なことに、野党やメディアは、代わりの財源をどうするかには口をつぐんでいます。

原理的に考えるならば、超高齢社会の再分配は、全員が負担する消費税の増税か、マイナンバーで収入と資産を把握したうえで、高齢者世代のなかで富裕層から貧困層に分配するしかありません。しかしこれまで、消費税に頑強に反対し、マイナンバーを「監視社会の道具」として目の敵にしてきたひとたちは、いまさら〝正論〟を口にすることができないのでしょう。

こうして、自分たちの負担だけが増えていくと（合理的に）予想する若者の絶望は、ますます深まるばかりです。

参考：「身寄りなき老後　国が支援制度」「独居支援待ったなし」朝日新聞2024年5月7日

いじめの犯罪化や加害生徒の強制転校に効果はあるか？

文部科学省の調査では、全国の小中学校を30日以上欠席した不登校の状態にある子どもが、2021年度から約5万4000人（率にして22％超）増えて22年度は29万9000人になり、10年連続で過去最多を更新しました。その要因としてあげられるのがいじめで、認知されたいじめ件数は小学校が約55万件、中学校が11万件となっています。

学校でのいじめが問題になっているのは、もちろん日本だけではありません。フランスでは2023年5月、中学生の女の子が8カ月にわたるいじめやネットでの嫌がらせを苦に自殺する事件が起きました。

フランスではこれまでもいじめが原因の自殺が繰り返されており、民間団体の調査では生徒のすくなくとも41％が「反復的かつ継続的な言葉や身体的、心理的暴力の被害の経験がある」と回答し、国民教育省も全生徒の10人に1人が学校でいじめ被害にあっていると認めました。こうした事態を受けて、いじめ撲滅はマクロン政権にとって「絶対的な優先事項」になりました。

まず２０２２年3月の法改正で、いじめ被害者が自殺または自殺未遂をした場合、最高で懲役10年、罰金15万ユーロ（約２６００万円）が科されるなど、いじめが犯罪化されました。実際、23年9月には、「いじめの加害者に強いメッセージを送る」ために、パリ郊外の中学校に通う14歳の少年を、授業中に教室で手錠をかけて逮捕しています。少年はＳＮＳで知り合ったトランスジェンダーの高校生に、「性的指向や性自認を否定し、自殺するよう要求するメッセージ」を送っていたとされます。

さらにフランスでは9月から、学校内でのいじめ加害が確定した生徒を、校長と自治体首長の判断で強制的に転校させることが可能になりました。いじめの認定は3段階からなり、最初は学校内で生徒、保護者と話し合い、次に国の教育機関の教育心理学者や医療関係者が介入し、それでも解決せず「被害者生徒の安全に重大な脅威を与えている」と判断されると、強制転校させられるようになります。

いじめ問題は、加害生徒にいじめの認識がなかったり、自分が被害者で、正当防衛の報復を行なっただけだと考えていることも多く、解決が難しいのが実情です。そこでこれまでは、「被害生徒が転校して環境を変えるしかない」とされていたのですが、家庭の事情で転校できない生徒もいるでしょう。被害者がさらなる負担を余儀なくされるのは理不尽なので、加害生徒を強制的に転校させるという方針に変わったわけです。

しかし問題は、加害生徒やその保護者が、こうした措置に容易に納得しないことでしょう。その結果、説明・説得する現場の負担が過大になり、フランスの教師の50％が5年後には教職を去るといいます。

ヒトはもともと、同じ年齢の子どもだけを集めて、施設で「教育」されるようには進化していません。いじめや不登校の根本的な原因は、近代以降、学校という〝異常な〟環境に子どもを〝監禁〟してきたことにあります。

そう考えれば、この問題を解決するには学校制度を解体するしかありませんが、それが現実的ではないので、いじめの「厳罰化」に突き進むことになるのでしょう。フランスの「社会実験」がどんな結果になるかは、今後の日本のいじめ対策にも大きな影響がありそうです。

参考：安部雅延「フランス、いじめ厳罰化『加害者を転校させる』背景」東洋経済オンライン2023年9月5日
「いじめ加害者の14歳、授業中に逮捕　仏政権『強いメッセージ送るため』」朝日新聞2023年9月23日

学校の友だちはなぜブロックできないの？

大阪市の小学6年生の女児が誘拐され、栃木県小山市で保護された事件（2019年11月）が波紋を広げています。逮捕されたのは35歳の男性で、母親が祖母の介護のため母屋に移ってから

は、別棟の自宅で一人暮らしをしていたようです。高校卒業後はアルバイト生活だったといいますが、近所のひとも実家に住んでいることは知らなかったらしく、ひきこもりのような生活をしていたのでしょう。

この事件が全国の（女の子のいる）親に衝撃を与えたのは、小学生の女児を監禁していた家で15歳の女子中学生も保護されたことです。

ツイッター（現・X）には「＃神待ち」「＃家出少女」などのハッシュタグがあり、たくさんの10代の少女が泊めてくれる男性を探しています（困っているときに助けてくれるのが「神」ということのようです）。この事件で保護された2人もSNSで男性と知り合ったようで、報道によると、男性は「自分はたんに人助けをしただけだ」と主張しているとのことです。

中学生や高校生の女の子が親と衝突して家出するのはむかしもよくありましたが、友だちに頼るのも限界があり、早晩、実家に戻ってくるケースが大半でした。ところがいまでは、SNSで「神」を募集すれば、面倒を見てくれる大人をかんたんに見つけることができます。これほど家出のハードルが下がれば、親は自分の娘がスマホでなにをしているのか疑心暗鬼にならざるを得ません。

それに加えてここでは、ネットが子どもたちの価値観を変容させている可能性を考えてみましょう。

SNSでは好きな友だちだけをグループに入れたり、不愉快なメッセージをブロックすることが簡単にできます。このようなコミュニケーションに小さいときから親しんでいると、ブティックで好きな洋服を選んだり、レストランで好きなメニューを注文するのと同様に、人間関係も自由に選択できるはずだと思うようになるかもしれません。

ところが学校は、同じ地域に住む同い年の子どもを集めて、ランダムに割り振ったクラスに「収容」します。学校の原型は軍隊で、産業資本主義の要請によって、勤勉な工場労働者を訓育することを目的につくられました。軍隊も工場も組織を効率的に動かすことが最優先で、好き嫌いにかかわらず、たまたま出会った他人といかに協力・協働するかを教え込んだのです。

クラスには、気の合う子もいれば、イヤな子もいます。「そんなのは当たり前だ」と大人は思うでしょうが、ＳＮＳ世代にとっては、これはものすごく「異常」なことなのかもしれません。そんな環境に馴染《なじ》めず学校にいづらくなると、とりわけ早熟な女の子は、ＳＮＳにはいくらでも「別の場所」があることに気づくのです。

不登校問題では、「学校に適応できない子どもをどうするか」が議論されます。しかし子どもの立場からすると、「問題」なのは古色蒼然《こしょくそうぜん》たる（前期）近代の学校システムなのです。

デジタルネイティブの子どもたちは、自由に好きな友だちを選んだり、イヤな友だちをブロックできない「リアル」な世界を理解できなくなっている……。だとすれば私たちは、「子どもに適応できない学校をどうするか」を真剣に考える時期に来ているのかもしれません。

「スクールカウンセラー」はほんとうに役に立っているのか？

どれほど「いじめ対策」をしてもいじめ件数が増えつづけ、さらにはモンスターペアレントによって教師が次々と心を病んで辞めていく事態に業を煮やした文部科学省は、２０２０年度からスクールロイヤー（学校弁護士）約３００人を各都道府県の教育事務所や政令市などに配置することにしました。といっても、弁護士が学校に常駐するのではなく、トラブルがあったときに相談できる弁護士を登録しておく制度です。

いつでも専門家から法律的なアドバイスを受けられるのはよいことのように思えますが、なんとなくうさんくさく感じてしまうのは、「スクールカウンセラー」の前例があるからです。

いじめや不登校など学校現場の「問題行動」にうまく対処できないのは、教師に専門的な心理学の知識がないからだ。臨床心理士の資格をもつスクールカウンセラーを学校に常駐させれば、生徒は教師を気にすることなく適切なアドバイスを受けることができ、教師も問題行動を起こす生徒にどう対処すればいいか教えてもらえるのだから、大きな利益が得られるはずだ。――このように説明されれば、誰でも「もっともだ」と思うにちがいありません。

では、1995年度に鳴り物入りでスタートした「スクールカウンセラー事業」にどれほどの効果があったのでしょうか。驚くのは、その検証が財務省主導で2004年に1回だけしか行なわれていないことです。

この調査では、2001年と02年の公立中学校1校あたりの問題行動の減少率を比較していま す。それによると、「スクールカウンセラーのみを配置する自治体」では、減少率は配置校が11・7%、未配置校が10・7%、「(スクールカウンセラーに) 準ずる者を原則どおり30%以内で配置する自治体」では、減少率は配置校で16・8%、未配置校で15・9%でした。この結果を簡単にいうと、スクールカウンセラーがいてもいなくてもまったく関係ないのです。

唯一ちがいがあったのは「(スクールカウンセラーに) 準ずる者を30%以上配置する自治体」で、こちらは減少率が配置校で30・4%、未配置校で17・4%でした。「効果があったならいいじゃないか」と思うかもしれませんが、「準ずる者」というのは、大学や短大を卒業し、「心理臨床業務又は児童生徒を対象とした相談業務について、5年以上の経験を有する者」などとされています。不思議なことに、臨床心理の専門家が多いほど生徒の問題行動は増え、子どもの相談に乗った経験があるだけの「素人」が多いほど問題行動は減るのです。

さらに困惑するのは「中学校へのスクールカウンセラーの配置率と問題行動件数の減少率の相関関係」です。こちらも奇妙なことに、もっとも効果が高かったのは配置率21〜40%(マイナス10・4%)で、配置率41%以上でマイナス8・2%、61%以上でマイナス5・7%と、カウンセラーを配置するほど問題行動が多くなってしまうのです。

もちろん一片の調査だけで「スクールカウンセラーは不要だ」と決めつけることはできません。しかし国民の「血税」を投入する以上、文科省と日本学校心理学会は、厳密なランダム化比較試験によって政策の費用対効果を納税者に説明する責任を負っています。

スクールロイヤーも同じで、せっかく調査・研究を行なうのであれば、ぜひその結果を広く公表し、世界の専門家が検証できるようにしてほしいと思います。


【追記】

この記事はネットにアップされた「財務省（2004年）総括調査票―スクールカウンセラー活用事業」に基づいて執筆しましたが、現在は閲覧できなくなっているようです。

「#教師のバトン」炎上でわかった「学校」の構造的問題

文部科学省がSNSで始めた「#教師のバトン」プロジェクトが「炎上」しました。これから教師を目指す若者にバトンをつなぐという趣旨で、「所属長からの許諾等は不要」で意見を募集したところ、職場への不平不満が大量に投稿される事態になったのです。

テレビで紹介されたこともあって投稿は膨大な数にのぼり、とてもすべてを読むことはできませんが、「話題のツイート」をざっと見るだけでも、「妊娠しましたが流産しました。（パワハラで）メンタルが崩壊し、病気休暇となりました」「同僚が亡くなったこと。昨日まで元気に話をしていたのに、翌日にはもう冷たくなっていた」など悲痛な投稿が並んでいます。

この「野心的」なプロジェクトの背景にあるのは、教員志望者が減っているという危機感です。２０２１年から５年かけて、小学校のクラスの上限を40人から35人に減らすことが決まり、教員の定員が１万４０００人増えます。ところが現場では高齢の教員が定年にさしかかり、毎年１万人以上が離職しているのです。

教師不足を解消するには大量の採用が必要ですが、２０２０年度の小学校教員採用試験では、倍率が２・７倍と過去最低を更新し、人材の質を保つ下限とされる３倍を大幅に下回りました。

とりわけ深刻なのは採用倍率１倍台の自治体で、採用担当者からは「臨時教員としてきた層まで採って数を確保している。休職などで代替要員が必要になったら応募者全員を採用するしかない」「正直、教員免許さえ持っていればいい。意欲や能力を問う余裕はない」などの本音が報じられています。

そこで文科省は、「学校はブラック職場」とのイメージを変えるべく、ＳＮＳを使って学校改革のさまざまな試みを広く知ってもらおうと考えたようです。ところが実際には、「土日もすべて部活に捧げる」「1日の平均労働時間は11時間超」「教師なんかにならない方がいい」のオンパレードで、これではまったくの逆効果です。

この問題がやっかいなのは、まともな学生が教職を避けるようになると、それによって教師の質が下がり、親の不満や不安が大きくなることです。親が子どもの担任に抗議するとモンペ（モンスターペアレント）扱いされますが、〝わいせつ教員〟が過去最多になったなどの報道を見れば親が疑心暗鬼になるのも無理はありません。

この負のスパイラルによって公教育の質がますます低下すれば、経済的に余裕のある家庭は子どもを私立に入れて自衛しようとするでしょう。これでは社会の「格差」と「分断」が進むだけです。

だったらどうすればいいのか？　もちろん簡単な解決策はありませんが、教師の仕事を過酷なものにしているのが部活であることは間違いありません。日本では教師を「聖職」とし、子どものために滅私奉公するのが当たり前とされていますが、ヨーロッパのように部活を地域のスポーツサークルにアウトソースして、学校は授業のみを行なうようにすれば「働き方」はずいぶん楽になるでしょう。

とはいえ、そうなるとこんどは「学校に行かずに塾や予備校で勉強させた方がマシ」という親が出てくるかもしれませんが。

「職員室カースト」が子どものいじめの元凶

兵庫県神戸市の市立小学校で、4人の教師が20代の後輩教師に陰湿ないじめを繰り返していた事件（2019年10月）が波紋を広げています。報道によれば加害者はリーダー格の40代の女性教諭と30代の男性教諭3人で（2020年2月に懲戒処分）、暴言・暴行のほか、激辛カレーを無理矢理食べさせたり、LINEで別の女性教諭にわいせつなメッセージを送るよう強要していたとされます。

リーダー格の女性教諭は校長から指導力を評価されている校内の中心的な存在で、男性教諭たちは児童から人気があり、いじめに気づいていた他の教員も、報復を恐れて言い出すことができなかったようです。

すでに指摘されているように、これは子どもたちのいじめと同じ構図です。いじめ加害者の多くは担任から気に入られているリーダー的な存在で、クラスメイトからも人気のある「スクールカースト上位」です。それに対して被害者は「下位カースト」で、児童ばかりか担任もこころのどこかで「いじめられても仕方ない」と思っています。

この構図をそのまま「職員室カースト」に当てはめれば、校長のお気に入りの加害教師と、

〝いじられキャラ〟の被害教師という関係になります。校長にいじめを相談しても相手にされなかったのは、そもそも被害教師のことが好きではなかったからでしょう。加害教師の謝罪のコメントが火に油を注いでいますが、自分の加害行為をまったく認識していないのも子どものいじめとまったく同じです。

深刻ないじめは、例外なく閉鎖的な組織で起こります。自由に離脱できる環境では、イヤな奴がいればさっさとほかに移ればいいだけです。相手が逃げることができず、どれほどいじめても無抵抗だから面白いのです。

学校は典型的な「閉鎖空間」ですから、子どもたちだけでなく、教師のあいだでいじめが起きてもなんの不思議もありません。

１９９９年に福岡の小・中学校の教師を対象に、教育学者の秦政春氏が職員室の人間関係を調べました。その後、この種のアンケートはほとんど行なわれておらず、現在でもきわめて貴重な研究です。

その結果は、学校での教師間のいじめが「よくある」「ときどきある」とした小学校教師は合わせて15・1％、中学校教師は20・6％で、自分が他の教師からいじめられることが「よくある」「ときどきある」とした小学校教師は合わせて13・0％、中学校教師は14・8％でした。他の教師から陰口をいわれたという小学校教師は46・1％、中学校教師は48・5％、嫌味をいわれた小学校教師は58・6％、中学校教師は60・5％にのぼります。

日本の学校では、教師の5～6人に1人が「教師同士のいじめがある」と報告しており、自分が「いじめられたことがある」とする教師も6人に1人程度いるのです。

ここからわかるのは、教師が教師をいじめる「学校風土」が、子ども同士のいじめの背景にあることです。自分たちのいじめを解決できない教師が、子どもたちのいじめに対処できるはずはありません。

文部科学省がどれほど「いじめ対策」を進めても、なんの効果もないことの理由を今回の不祥事は教えてくれます。それでもいじめを根絶しようとするのなら、「学校」という閉鎖空間を解体するほかはないでしょう。

参考：和久田学『学校を変える いじめの科学』日本評論社

女性差別より「先輩に逆らえない」体育会系文化？

すこし前の話ですが、都内の有名私立大学でバレーボールのサークルに入っている女の子がアルバイトにやってきたので、みんなで歓迎会をすることになりました。

最近の学生事情などを教えてもらいながら楽しくおしゃべりして、私のワイングラスが空くと、その女の子がボトルをもって注ごうとしました。びっくりして「そんなホステスみたいなことしなくていいよ」といったのですが、きょとんとした顔をしています。

話を聞いてみると、大学の体育会系サークルでは後輩が先輩にお酌をする決まりになっていて、どこでもそうするのが当たり前だと思っていたといいます。「それっておかしいと思わないの？」と訊くと、「私はヘンだなと思ってたんですけど……」とのことです。

彼女は3年生で、4年生は就活で抜けるので、今年からサークルの最上級生です。そこで、「こんな封建時代みたいなことは自分たちの代でやめようって提案したらどう？」と訊くと、真顔で「そんなことぜったいできません」といいます。同級生はみんな2年間の下積み（召使い扱い）に耐えて、ようやく自分たちが「主人」に昇格できたのに、その既得権を放棄しろなどといったら仲間外れにされ、サークルにいられなくなるというのです。

サークルの飲み会は男女一緒のことも多いというので、「だったら男の先輩にもお酌するの？」と訊いたら、「それはないです」とのことで、男の先輩の世話は男の後輩がするのだそうです。さすがに「一流大学」では、この程度まで男女平等が浸透してきたのでしょう。

そのとき思ったのは、日本社会の問題は「男性中心主義」というより（もちろんその影響が根強く残っているのはたしかですが）、「先輩―後輩の身分制」ではないかということです。

「リベラル」とされる新聞社や出版社のひとたちと話をする機会がたまにありますが、そんなときいつも不思議に思うのは、「彼／彼女とは同期で」とか、「2コ上／下で」という会話が当たり前のように出てくることです。

リベラリズムの原則は、「人種や性別、性的指向のような（本人には変えることのできない）属性で評価してはならない」です。年齢ももちろん、毎年1歳ずつ〝強制的に〟増えていく属性です。そのため欧米では、年齢での人事評価は「差別」とされ、応募書類には顔写真を貼るところも生年月日を記載する欄もありません。会社では、職階が同じなら20歳の若者と40代、50代のシニアは対等です（それが行き過ぎて、上司と部下も友だち言葉で話すようになりました）。

『同期の桜』という軍歌があるように、先輩―後輩の厳格な身分制は軍隊の階層社会の根幹でした。それにもかかわらず日本では、「軍国主義に反対する」はずのリベラルなメディアですら、自分たちの組織の「軍国主義」を当然のように受け入れています。

オリンピック組織委員会の会長問題で日本社会のジェンダーギャップがあらためて浮き彫りにされましたが、その背景には、「先輩に逆らえない」という強固な体育会系文化があるのではないでしょうか。

成人は18歳ではなく25歳にした方がいい？

2022年4月から成人年齢が18歳に引き下げられ、高校生でも父母の同意なく、「携帯電話を契約する、・人暮らしの部屋を借りる、クレジットカードをつくる、高額な商品を購入したときにローンを組む」（政府広報）ことが可能になりました。結婚ができる年齢も男女一律で18歳となり、これまで16歳だった女性の婚姻年齢が引き上げられました。こちらも父母の同意は必要ありません。

とはいえ、飲酒や喫煙はこれまでどおり20歳からで、成人としての完全な権利が認められるわけではありません。だとしたら「成人」とはいえないのではないか、との疑問は当然ですが、18歳から大人としての自覚をもたせるようにするのが国際社会の流れなので、日本もそれに合わせたということでしょう。

ただ、大人としての権利を与えることと、大人として振る舞えることとは別の問題です。早くも、「18歳、19歳がアダルトビデオ（AV）出演を強要されるのではないか」との不安の声があがり、政府や与党のプロジェクトチームが緊急対策をとりまとめる事態になりました。――その後、AV出演被害防止・救済法が施行され、AV出演を契約しても、無条件で取り消すことができるようになりました。

思春期になると、女の子は自分が大きな「エロス資本（エロティック・キャピタル）」をもっていることに気づきます。援助交際やパパ活など、その「資本」を簡単にマネタイズする方法はいくらでもあります。高校生の娘の裸がネットにアップされているのを見て、親が仰天することがないとはいえません。

同様に、思春期の男の子はリスクを好むようになります。高校生がローンを組んで車やバイクを購入したり、一攫《いっかく》千金を狙ってネットワークビジネスに手を出したりすることもありうるでしょう。

思春期とは、男にとっても女にとっても「パートナー獲得競争」に放り込まれる時期です。この熾烈な競争に勝ち残るには、男は友だち集団のなかで目立たなくてはならず、一発勝負で大きく当てる「ハイリスク・ハイリターン」を狙います。それに対して女は、自分のエロスを最大化して、そんな「勝ち組」の男から選ばれることが最適戦略になるのです。

近年の脳科学は、大脳辺縁系など情動を司《つかさど》る部位が先に発達し、前頭葉など制御系は遅れて完成することを突き止めました。進化のプログラムは、まずは冒険的になってパートナーを獲得し、子どもを産み育てる頃に落ち着くように脳を設計したのです。

脳の発達は従来の常識よりずっと長く続き、制御系の成長が止まるのは25~35歳だということもわかりました。この知見を取り入れるなら、成人年齢は引き下げるのではなく、逆に引き上げなくてはなりません。

脳科学者のなかには実際、このような主張をするひともいますが、それが受け入れられることはないでしょう。ということで、今後さまざまな場面で混乱が起きることは避けられそうもありません。

適切な罰則はよりよい社会をつくる

日本の「民主主義社会」の特徴は、罰則を極端に嫌うことです。新型コロナ対策の特別措置法でも、当初は「罰則などとんでもない」とされ、感染抑制対策は国民の努力義務（行政からのお願い）になりました。その結果が「自粛警察」の跋扈《ばっこ》で、それがあちこちでトラブルを起こしたことでようやく、入院を拒否した感染者や営業時間の短縮命令に応じない事業者に過料を科すことができるようになりました。

コロナ禍が始まって1年経って、やっと罰則の導入へと一歩踏み出したわけですが、ルール違反を「罰する」ことはこれほどまでに恐る恐るやらなければならないことなのでしょうか。

処罰の効果については、公共財ゲームを使った興味深い研究があります。参加者はそれぞれ同額のお金を渡され、そのなかから好きな金額をファンド（投資信託）に拠出することができます。ファンドは預けられた資金を運用して増やし、参加者全員に均等に分配します。

A、B、Cの3人に1000円ずつ与えられ、ファンドで投資資金を2倍にできるというシンプルな例で考えてみましょう。全員が1000円全額を拠出すれば3000円の投資額が2倍の6000円になり、それを均等に分配するのですから、1人あたり2000円です。参加者全員

（みんな）のことを考えれば、これがいちばんいいに決まっています。

しかし、参加者Cにとってはもっとうまい方法があります。AとBが1000円を拠出し、自分が1円も出さなければ、2倍になった4000円が3人に分配されて（分配金1333円）、自分のお金が（手持ちの1000円と合わせて）約2300円になるのです。当然、AとBもこの「抜け駆け」に気づいて全額を出すのをためらうでしょう。

このゲームを繰り返しやってみると、最初はみんなそれなりの金額をファンドに拠出しますが、回を重ねるにつれて（1円も出さない）ただ乗りが優勢になり、拠出額は減っていきます。自分だけが損をして相手がいい思いをするのはものすごく不愉快なのです。

そこで次に、このゲームに処罰を導入してみます。参加者は、自分の手持ちからいくらかお金を払うことで、抜け駆けしたプレーヤーを罰することができます。

すると驚いたことに、処罰が可能になるだけで、処罰なしの条件より平均拠出額が2〜4倍高くなりました。それも回を重ねるごとに拠出額が上がり、最終ラウンドでは6〜7・5倍にもなったのです。

これほどの効果があるのは、参加者がコストを払ってでも積極的に処罰するからです。6ラウンドのゲームでは84・3％の参加者がすくなくとも1回は誰かを罰し、裏切り行為の74・2％は処罰されました。

いったん処罰が導入されると、抜け駆けすれば罰せられることを思い知らされます。その結果、処罰ありの条件では正直者がバカを見るリスクが減り、より多くのお金をファンドに拠出することが合理的な戦略になります。

処罰のない「やさしい社会」はフリーライダー（ただ乗り）を増やすだけで、適切な処罰はみんなを幸福にするのです。

参考：Jim Rutt "(2022.04.27) Musk and Moderation" Quillette

好き嫌いも、政治的信念もじつはどうでもいい？

「選択盲（チョイス・ブラインドネス）」という奇妙な現象を調べた実験があります。

男性の被験者たちに、若い女性の顔が印刷されたカードを示して、2人のうちどちらが好みのタイプかを選んでもらいます。そのうえで、「あなたはこの女性の方が魅力的だと感じました。その理由を教えてください」と、顔写真を見せながら訊ねました。

なんの変哲もない質問ですが、このとき実験者は、巧みなカード捌《さば》きで、ときどき選ばなかったほうの顔を見せました。被験者は自分がタイプだと思った女性について語るのですが、そのなかには、魅力がないと判断した女性の写真が混ざっているのです。

驚くのは、ほとんどの被験者がこのトリックに気づかず、自分が選んだ顔とは違うにもかかわらず、なぜ彼女が好ましいかを喜んで説明したことです。髪が真っ直ぐでイヤリングをつけていない女性を選んだにもかかわらず、写真を差し替えられると、「この女性の魅力は、すてきなイヤリングと、くるっとした髪ですね」などと堂々というのです。

この実験は、好き嫌いがあやふやなものだということを示しています。好みのタイプがわかっているわけではなく、身に覚えのないはずの選択を説明しろと求められても、当惑するどころか、おかしなことには何も気づかないまま平然と逆の立場を弁護できるのですから。

ここまではたんなる飲み会のジョークですが、次の実験になると思わず考え込んでしまいます。

2010年のスウェーデンの総選挙の準備中、2人の心理学者が被験者たちに、リベラルと保守のどちらに投票するつもりか訊ね、所得税の水準や医療体制といった、選挙の主要争点についての質問票を手渡しました。リベラル派は増税してでも医療などの福祉を充実させるべきだと考え（大きな政府）、保守派は税率を引き下げて個人の自由な選択に任せるべきだとします（小さな政府）。

そこで実験者は、回答を受け取ると、粘着する紙を使った簡単なトリックで、逆の政治的立場を支持しているかのような回答用紙とすり替えました。リベラルな被験者は減税に、保守的な被験者は福祉の充実に賛成している回答を受け取り、その理由を説明するよう求められたのです。

この露骨なトリックにもかかわらず、自分の回答を確認したときに、間違っていることに気づいたのは4カ所に1つ程度でした（そのときは多くの被験者が、書き間違えたようなので直したいと、最初に表明した意見へと訂正しました）。ところがそれ以外の箇所では、ついさっきまで反対していたはずの政治的立場を喜んで説明し、擁護したのです。――高税率を支持していたはずのリベラルな被験者は、減税を支持したことになっている偽の回答用紙を渡されると、「低所得者の負担を軽くして起業を促すからだ」などと説明しました。

わたしたちにとって重要なのは、どうやら「（政治的）信念」ではなく、自分が一貫していることのようです。それにうまく合致しさえすれば、異性の好みと同様に、イデオロギーや政治的立場はどうでもいいのです。

だとすれば、「正しい政治」について議論することに何の意味があるのか。そんな疑問をもつのは私だけではないでしょう。

参考：ニック・チェイター『心はこうして創られる「即興する脳」の心理学』高橋達二、長谷川珈訳／講談社選書メチエ

「適当に投票する」のが合理的な理由

アメリカでもヨーロッパでも、20％以上のひとは、地球が太陽の周りを回っている（地動説）

のではなく、太陽が地球の周りを回っている（天動説）と思っているそうです。

２００1年の同時多発テロを受けて、アメリカはイラクとアフガニスタンに侵攻しましたが、06年の調査では、アメリカ人の63％は地図上のイラクの場所を知らず、88％はアフガニスタンがどこにあるかわかりませんでした。そればかりかこの調査は、過半数のアメリカ人が地図上でニューヨーク州の場所を示すことができないという驚くべき事実を明らかにしました。

とはいえ、これはたんに「バカがたくさんいる」ということではありません。賢いひとでも、「生きていくのに差し支えないことについては、正しい知識を積極的に獲得する合理的な理由がない」ことはじゅうぶんあり得るからです。大半のひとは、天文学や地理を知らなくても幸福に生きていくことができるのです。

政治学はずっと、有権者がごく基本的な知識もなく投票しているという「不都合な事実」に困惑してきました。しかしこれも、「合理的な無知」の一種だと考えれば悩む理由はありません。

自民党は「保守」、立憲民主党は「リベラル」とされますが、安倍元首相は「国際標準では私がやっていることはリベラル」と述べ、岸田首相は自民党のなかの「リベラル派」とされ、立憲民主党の枝野幸男元代表は「私はリベラルであり、保守であります」と演説しました。だとしたら、誰が「保守」で誰が「リベラル」なのでしょうか。

「左派ポピュリスト」政党であるれいわ新選組は最低賃金引き上げを強く主張しましたが、「ネオリベ」の菅義偉《すがよしひで》（自民党）政権は、「生産性の低い中小企業を淘汰する」という理由で、反対を押し切って2021年に最賃引き上げを実行しました。この政策は、「左」か「右」かどちらになるのでしょう。

これはほんの一例ですが、そもそもこんなことを真剣に考える価値があるのか、疑問に思うひとがほとんどではないでしょうか。それぞれの人生には、ほかにもっと重要なことがいくらでもあるのですから。

民主的な社会では投票は市民の義務とされますが、国政選挙では自分の一票が候補者の当落や政権選択に影響を与える可能性はほぼゼロです。とはいえ、棄権すると「大人としての自覚がない」という烙印を捺されてしまうかもしれません。だったら、候補者についてなにも知らないまま投票し、会社や学校で「選挙行った？」と訊かれたら「行きました！」と堂々とこたえた方が精神衛生上いいでしょう。

決定すべきことについて知識がないことが、意思決定の質を下げることは間違いありません。しかし近年の政治学は、投票率がそれなりに高いと為政者にプレッシャーを与え、すくなくとも、戦争や飢餓のような「とてつもなくヒドいこと」のリスクを下げると考えます。

ほとんどのひとは（私も含め）「合理的な無知」のまま投票していますが、これは不道徳でも批判されるべきことでもなく、そんな一票にもちゃんと意味があるのです。

参考：イリヤ・ソミン『民主主義と政治的無知　小さな政府の方が賢い理由』森村進訳／信山社

「多数派と少数派の差が大きいほど社会は安定する」という不都合な事実

２０２２年のアメリカ中間選挙は、共和党が下院で過半数を奪還したものの、バイデン政権の支持率低迷にもかかわらず上院は民主党が善戦し、トランプの影響力に陰りが出たと評価されました。とはいえ、それからの2年間、政権運営が困難になることは避けられず、２０２４年の大統領選の行方も混沌としています。

アメリカ社会はすっかり、「リベラル（民主党）」と「保守（共和党）」に政治イデオロギーで分断されてしまいましたが、その背景には人口動態の「不都合な真実」があります。それは「多数派と少数派の差が大きいほど社会は安定する」です。

冷戦の終焉《しゅうえん》にともなうユーゴスラヴィアの解体で、１９９２年からボスニア＝ヘルツェゴビナでは、セルビア人、クロアチア人、ボシュニャク人（ムスリム）の三つ巴《どもえ》の内戦が始まりました。95年7月にはセルビア人の武装勢力が山間の町スレブレニツァを占領し、男だけを連れ出しておよそ７０００人を虐殺する事件が起きています。

ところが当時のボスニアの状況を詳細に調べると、奇妙なことがわかってきました。ある村ではセルビア人とクロアチア人が凄惨な殺し合いをする一方で、別の村ではセルビアの民兵とクロアチアの武装勢力がサッカーに興じていたのです。

なぜこんなことになるのか。そのもっとも大きな要因が、多数派と少数派の比率です。常識とは逆に、多数派が圧倒的な地域では、少数派への民族浄化はほとんど起こりませんでした。多数派は今のままでも自分たちの地位が侵されないことを知っているので、少数派を弾圧してわざわざ面倒を起こす理由はなかったのです（少数派も反抗はムダだとわかっているので、生命を危険にさらそうとは思いませんでした）。

それに対して両者の比率が拮抗していたり、三者の関係が不安定だったりすると、ひとびとはいつ何時、自分たちが少数派に追いやられるかわからないと思うようになります。極右勢力はこの不安につけ込み、「家も土地も奪われ、家族もろとも殺される」という宣伝（プロパガンダ）を行なったのです。

アメリカでは白人の人口が減少し、２０４５年には少数派になると予測されています。ヨーロッパでも、フランスでは移民の割合が10％を超え、親や祖父母が移民だったひとを加えると市民の30～35％（3分の1）が「移民系」だといいます。

欧米では近年、「グレート・リプレイスメント」論が影響力を増しています。ヨーロッパ系白人がつくりあげた文明（市民社会）が、有色人種（ヨーロッパではムスリム、アメリカではヒスパニックなどの移民）によって「リプレイス（置き換え）」され、西欧は没落していくという悲観論で、右派のポピュリストが白人の不安を煽っています。

現代史を見るかぎり、そしておそらくは人類史を振り返っても、もっとも安定するのは多数派が少数派を支配する社会でした。

誤解のないようにいっておくと、ここで「移民を排斥せよ」といいたいわけではありません。長期で見れば、ひとびとは混ざり合って一体化していくのでしょうが、それまでにはずいぶんと長い時間がかかるという話です。

参考：佐原徹哉『ボスニア内戦　グローバリゼーションとカオスの民族化』有志舎

分断が深まるとうまくいく場合

日本でも海の向こうでも、SNSが社会を分断させているとの声が強まっています。しかしこれには異論もあり、「特定の政治課題で意見が分かれているだけで、有権者の多数派はむかしもいまも中道だ」との調査もあります。とはいえ、SNSの内部では分断（というより罵《ののし》り合い）がますます強まっていることは間違いないでしょう。

興味深いことに、「分断が深まれば深まるほどものごとがうまくいく」ということがあり得ます。

　アメリカでは、黒人が警官に射殺されるたびに大規模な抗議デモが起きています。人種問題はもっともひとびとの感情を煽るので、こうした事件を記述したWikipediaのページは大混乱になると思うでしょう。ところが専門家によると、政治的に敏感なトピックほど説明は詳細かつ正確になり、政府や司法機関の報告書に匹敵するものもあるといいます。

　２０１４年、ミズーリ州ファーガソンで18歳の黒人青年が白人警官に射殺された事件では、警官が不起訴になったことへの抗議デモが暴動に発展し、夜間外出禁止令が発令される事態になりました。この事件についての英文のWikipediaの記述は、事件の背景、分単位の事件経過と発砲時の位置関係の図解、現場検証や検視結果、警官・目撃者の証言、裁判の経緯やその後の民事訴訟まで、Ａ４判で30ページ以上にもわたって記述されています。

　なぜこんな詳細な検証が可能になるのでしょうか。それは、執筆者が政治イデオロギーによって対立しているからです。

　リベラル寄りの執筆者は、「警察＝悪／黒人＝被害者」という構図を描きがちです。それに対して保守派寄りの執筆者は、「警察官は（犯罪者を取り締まるという）職務を執行しただけだ」と考えるでしょう。この時点で、双方に妥協の余地はどこにもありません。

　ところが両者が同じ事件について書こうとすると、厳密なルールに拘束されていることに気づきます。「発砲した警官はレイシストに決まっている」とか、「相手は犯罪者だったにちがいない」などの記述は、たちまち相手側に削除されてしまうのです。Wikipediaでは、「いかなる記述も証拠（エビデンス）に基づいていなければならない」と決められているからです。

そうなるとどちら側も、相手の主張を打ち破ろうとすれば、それを上回る証拠を探し出してこなければなりません。このようにして報道だけでなく、警察発表や裁判で提出された資料まで徹底的に調べつくされ、専門家を驚かすようなレベルに到達するのです。執筆・編集のガイドラインが、いわば党派対立をスポーツ（一定のルールの下でお互いが全力でぶつかり合い、相手を叩きのめす闘い）にするように巧妙につくられているのです。

ここまでは素晴らしいことですが、すでにお気づきのように、この仕組みを普遍化して、SNS全体を〝闘議のアリーナ〟に設計することは原理的にほぼ不可能です。その結果、今日も、明日も、さまざまな政治的トピックをめぐって、なんの生産性もない罵詈雑言でSNSの言論空間が埋め尽くされることになるのでしょう。

参考：イアン・レズリー『CONFLICTED（コンフリクテッド）衝突を成果に変える方法』橋本篤史訳／光文社

インフルエンサーがわたしたちを「集団の狂気」に導く

ダーウィンのいとこでヴィクトリア時代のスーパー知識人だった（優生学を唱えたことで悪名も高い）フランシス・ゴルトンは、個人と集団のどちらの意思決定が優れているかを知るために、家畜の品評会で行なわれた牛の体重当てコンテストの投票用紙約800枚を集めました。すると驚いたことに、素人を含む参加者全員の投票の平均は、優勝者（専門家）より正確だったのです。

素人判断は極端に重かったり軽かったりするものの、多数の投票では間違いが相殺されて、平均が正解に近似していきます。ゴルトンのこの発見はその後、独裁政や貴族政より民主政（デモクラシー）の方が優れている根拠として広く知られることになりました。

しかしこの「集合知」には、ひとつ条件があります。コンテストの参加者は、お互いに相談したりせず、個々が牛の体重の予想をただ紙に書いただけでした。この独立性が、「みんなの意見」を正しいものにしているのです。

だったら、みんなが話し合った（独立性の条件が満たされない）場合はどうなるのでしょうか。多くの研究者がこの疑問を検討していますが、その結果はよい話と悪い話に分かれます。

よい話は、参加者が対等な立場であれば、それぞれの意見を個別に投票して集計するよりも、話し合った方がよい結果になることです。それに加えて、参加者が一定以上の知識や能力をもち、なおかつ多様性がある（人種、国籍、宗教、性別、性的指向などが異なる）ほど大きな効果を発揮することもわかりました。社会的・文化的な背景がちがうと思わぬ発想をすることがあり、それがイノベーションにつながるのです。

しかし、全員が対等の立場で議論するという条件はつねに満たされるわけではありません。とりわけＳＮＳでは、際立って大きな影響力をもつインフルエンサーが議論を主導していますが、こうした条件でも集合知は実現するのでしょうか。

ここでもよい話があって、たとえインフルエンサーがいても、集団とは逆の方向に間違っている場合は、正しい答えを得ることができます。牛の体重が５００kgで、集団が６００kgだと過大評価していた場合、インフルエンサーが４００kgに過小評価すると、それに引きずられて集団の意思決定は正解に近づいていくのです。

とはいえ、この設定も現実的とはいえません。陰謀論者たちのインフルエンサーが、陰謀論を否定しているというのは、あまり考えられないからです。実際には、集団が牛の体重を６００kgに過大評価していたら、インフルエンサーは７００kgや８００kgにさらに過大評価していることの方が多いでしょう。ひとびとがなんとなく思っていることを誇張して言語化するからこそ、強い影響力をもてるのです。

このようにインフルエンサーと集団の認知が同じ方向に歪んでいると、話し合いは破滅的な状況を招きます。SNSの時代では、インフルエンサーはますます大きな影響力をもつようになっています。その先にあるのは「集合知」ではなく、残念なことに、わたしたちは集団の「狂気」へと向かっているようです。

参考：シナン・アラル『デマの影響力　なぜデマは真実よりも速く、広く、力強く伝わるのか？』夏目大訳／ダイヤモンド社

こうして「民主主義」は進化していく

２０２４年の東京都知事選は56人が立候補するという〝お祭り〟状態になりました。ポスターを貼る権利を販売するという奇策によって特定の政治団体から24人が立候補しましたが、それを除いても32人もの候補者がそれぞれの思想信条や政策を訴えて選挙に臨みました。

都知事選の供託金は３００万円で、有効得票数の1割に達しないと没収されますが、全国的に話題になる選挙ではそれを上回る宣伝効果があると考えるため、この程度の金額では歯止めにはなりません。

そうかといって、供託金を引き上げると、真面目に政治家を目指すひとが立候補できなくなってしまいます。そもそも日本の供託金は世界的にもきわめて高く、フランスでは20年以上前に憲

法違反として供託金が廃止されています。

それでは、「泡沫候補《ほうまつこうほ》」たちが300万円を失ってまで訴えたいことはなんなのでしょうか。候補者名簿をざっと見ると、「ポーカー党（日本でポーカーを流行らせる）」や「ゴルフ党（ゴルフをもっと身近に楽しめるようにする）」のようにわかりやすいものもあれば、「ラブ&ピース党」「覇王党」「忠臣蔵義士新党」のように、その政治的主張がいまひとつ理解しづらいものもあります。

「泡沫」とはいえない候補者のなかには、日本を誇りのもてる国にするという保守派（あるいは排外主義者）もいれば、テクノロジーによって社会を変えることを目指すベンチャー起業家、反ワクチン派で精神医学を否定する医師など、さまざまな政治的主張があります。

デモクラシー（民主政）とは、多様な意見をもつひとたちが自由闊達《かったつ》に議論し、〝集合知〟によってよりよい解決策を見いだしていくことですから、本来であれば、立候補者が多いのは喜ばしいことのはずです。

今回の選挙では、候補者とはまったく関係のないポスターが大量に貼られるということが起きましたが、これも「選挙掲示板には意味がない」という政治的主張をするためのパフォーマンスだそうです。

リベラルを自称するメディアはこの事態を「民主主義の危機」と報じましたが、話は逆で、デモクラシー（市民による統治）が大衆化すれば必然的に起きることで、いわば「民主主義の進化」でしょう。

24年4月に行なわれた東京15区の衆議院補選では、他候補の選挙演説を妨害し、その様子を動画で撮影してYouTubeに投稿、再生回数を増やすとともに寄付を受け取る政治団体が現われ、公職選挙法違反容疑で幹部らが逮捕されました（この党の代表は勾留中に都知事選に立候補しました）。

この事件で興味深かったのは、これまでSNSを使って支持を広げてきたインフルエンサーが炎上のターゲットにされたことです。この行為が「妨害」なのか、それとも「議論」を求めているのかは主観の問題なので、容易に答えを出すことができません。

ただひとつわかっているのは、裁判によって違法の基準が示されれば、「違法でない」範囲で同じことが繰り返されることです。こうして「民主主義」の大衆化・液状化が進み、やがて「リベラル」が目指した理想の社会が実現するのでしょう。

SNSはみんなが望んだ「地獄」

22世紀からネコ型ロボットが自宅にやってきたのび太君は、困ったことや欲しいものがあると、なんでもドラえもんに頼むようになります。ポケットから出された「ひみつ道具」でとりあえず願いはかなうものの、そのうち事態は思わぬ方向に進み、痛い目にあって反省する……というのが、誰もが知っている国民的マンガの基本ストーリーです。

この作品が予言的なのは、テクノロジーの本質を描いているからです。それは、「みんなが望むものだけが現実化する」という法則です。

自動車や蒸気機関車・電車、飛行機が発明されたのは、もっと速く移動できたらいいと思ったからです。エアコンは亜熱帯や熱帯でも快適に過ごすことを可能にし、医療の進歩は平均寿命を大幅に伸ばし、「いつまでも元気に」という願いをかなえました。

「失敗は成功の母」といいますが、失敗とはある意味、役に立たない発明でもあります。なんらかの新しい結果を生み出したかもしれませんが、誰もそれを望まなかったので、そのまま捨てられ、忘れ去られたのです。

回転寿司チェーンで他人の注文した寿司にわさびを載せるなどの不適切動画が拡散されたり、芸能人の私生活を暴露して人気を集めたYouTuberが参議院議員選挙に当選し、いちども登院しないまま除名処分を受けるなどのニュースが続いたことで、「SNSが社会を破壊している」との声が大きくなっています。

これはもちろん間違いではなく、毎日のように起きている炎上騒動から陰謀論の拡散、社会の分断まで、あらゆる場面でSNSが強い影響を及ぼしていることは明らかです。以前なら知り合い同士の噂にすぎなかった話題が、またたくまに全国ニュースになるという〝異常〟な事態に、わたしたちはまったく対処できていません。

こうした混乱は、日本よりも英語圏でより深刻です。世界の英語人口は15億人とされますから、日本でのSNSの潜在的な利用者が6000万人程度だとすると、英語圏全体ではその十数倍の規模があります。それに加えて、言語は共通でも、人種、国籍、民族、宗教、文化的背景などが異なるひとたちが同じバーチャルな言論空間に集まれば、至るところで利害が対立することは避けられません。

これはいわば、どこに「地雷」が埋まっているかわからない状態です。ツイッター（現・X）の買収前にイーロン・マスクが指摘したように、フォロワー数1億人を超えるようなSNSのセレブリティは、いまではたんなる告知以外、ほとんど発言しなくなっています。どこでどのような反応が生じるか予測できないのなら、黙っているのがいちばんです。

毎日のように誰かが「地雷」に触れ、炎上によって（心理的に）爆死する光景は、まさに戦場のようです。しかしここで強調しておかなくてはならないのは、SNSのテクノロジーは、「いつも誰かとつながっていたい」「自分の評判をすこしでも高めたい」という〝夢〟をかなえてくれるからこそ、世界中で広まったということです。

SNSは「地獄」かもしれませんが、それはわたしたちみんなが望んだからこそ、この世界に誕生したのです。

Part 4

「正義」の名を騙《かた》る者たち

マイナ騒動は「老人ファシズム」である。「紙の保険証残せ」はエセ正義

「できない」ことは権利なのか？

「なんなんだ、この店は。客をバカにしているのか！」

ランチを食べに近所の店に入ろうとしたら、いきなり怒鳴り声がして、顔を真っ赤にした高齢の男性がぶつかってきた。妻なのだろう、同じくらいの年の女性が顔を伏せて、あとに続いた。

その店では、注文はテーブルに置かれた専用のタブレットで行なうことになっている。昼時でレジ前には精算の列ができており、スタッフはみな配膳に追われていた。その男性は席に案内されたもののタブレットの使い方がわからず、放置され、ないがしろにされたように感じたらしい。

人口が減り続ける日本ではどこも人手が足りず、タッチパネルやQRコードを使ったオーダーも当たり前になった。店内を見渡すと、みんなごくふつうにタブレットで注文している。

だとしたら、「できない」ということは権利なのか？

2024年秋に紙の健康保険証を廃止し、マイナンバーカードと一体化するとの方針が高齢者の不安を引き起こし、支持率低下に焦った岸田首相は、マイナ保険証を持たないひとに一律に交付する「資格確認書」の有効期限を5年に延長すると発表した。混乱の原因には政府の対応の稚拙さがあるものの、この間の「マイナ問題」の報道はあまりに偏向しているのではないか。

メディアが大きく取り上げた事例に、公金受取口座の誤登録がある。マイナカード普及を目的とした最大2万円分のポイント付与キャンペーンでは、口座情報の登録が条件とされた。そこで自治体が登録を代行する支援窓口を設けたところ、そこに市民が押し寄せて現場が混乱し、別人の口座を誤って登録したケースが900件あまり判明したという。

これはずいぶん批判されたが、メディアは本質的な「問題」に触れていない。それは、マイナンバーと銀行口座との紐づけは、本来、マイナポータルでユーザー自身が行なうようになっていることだ。

だとしたら自治体は、「できない」高齢者の面倒を見るのではなく、マイナポータルの使い方を説明した冊子を配るだけでよかったのではないか。ほとんどの国民は、自分で手続きしているのだから。

政府が推進する行政のデジタル化の目的は、市民が窓口に行かなくても行政サービスを受けられるようにすることだ。そのための基幹インフラがマイナンバーであるにもかかわらず、マイナポイントのために窓口に高齢者が殺到したのは皮肉というほかない。

日本の最大の課題は高齢者が多すぎること

デジタル化は市民の利便性向上だけでなく、政府のコストを減らすことも目的としている。社会が多様化するにつれてひとびとが行政に求めるサービスは増えていくが、人材・予算などの資源は有限だ。非効率なやり方を続けていれば、いずれ行き詰ってしまう。

人類史上未曽有の超高齢社会を迎えた日本の最大の課題は、高齢者が多すぎることだ。政府の人口推計では、2040年には年金受給年齢である65歳以上が全人口の35%と3人に1人を超える。それにともなって年金、医療、介護などを合わせた社会保障給付の総額は190兆円に達すると見込まれている。

20年後の人口を1億人、現役世代を5000万人とすれば、単純計算で現役世代1人あたりの負担は年400万円弱になる。このような社会が持続可能かは、すこし考えれば誰だってわかるだろう。

23年度の国家予算約114兆円のうち、(税から支出される)社会保障費が32・3%、国債の利払い・償還にあてられる国債費が22%で、合わせて5割を超えている。しかもこれらの経費は、高齢化や国債発行増にともない毎年確実に増えていく。それに対して「大幅増額」の防衛費は、予算全体の6%弱だ。ロシアのウクライナ侵攻以降、「中国の脅威」が声高に唱えられているが、日本社会にとっての最大の脅威は人口減と高齢化の圧力なのだ。

1950年には65歳以上1人に対して15〜64歳人口が12・1人だったが、いまから約40年後の2065年にはそれが1・3人になると見込まれている。1人の現役世代が、子育てと親の介護をしながら、さらに高齢者1人を支えなければならない。

いまの若者はこのことをよく知っており、将来の経済的な不安が少子化の最大の原因になっている。これでは、「異次元の少子化対策」をしたところでなんの効果もないだろう（ただし子育て支援は必要だ）。

このような日本の現状を考えれば、徹底したデジタル化によって行政コストを削減する以外に道はない。それにもかかわらずメディアは、まるで「正義」であるかのように、「紙の保険証を残せ」と大合唱している。

毎年600万件起きているトラブルを無視

保険証をデジタル化するのは、医療の質を維持しつつ、今後、急速に膨らむ医療費を抑制するためだ。この改革を実現するには、患者が自分の医療情報を管理するだけでなく、医療機関のあいだで電子カルテや投薬情報を共有できる仕組みが不可欠になる。

ここまでの「総論」は誰もが同意するだろうが、問題は、患者が紙の保険証を使っていれば病院はデジタル化する理由がなく、病院がデジタル対応していなければ、患者は紙の保険証のままでいいと考えることだ。

メディアは「マイナ保険証に切り替えた利用者の半数以上がメリットを感じていない」とさかんに報じているが、これはマイナ保険証の問題ではなく、デジタル化を拒んでいる医療機関の問題だ（同様に、マイナカードを使った証明書の誤交付は、システムを開発した富士通の問題だろう）。

医療のデジタル化が機能するには一定数以上の利用者が必要になる。紙の保険証を廃止しなければならない理由は、そうしないといつまでも医療機関が対応しようとしないからだ。「デジタルと紙の保険証を併用し、徐々に切り替えていけばいい」との主張もあるが、この「切り替え」にいったい何年（あるいは何十年）かかるのか。

アナログの情報をデジタルにするには、どうしても手作業が必要になる。そのため自治体や健保組合に過度の負担が生じ、それがミスを生んでいる。政府は「総点検」を指示しているが、これではさらに現場を疲弊させるだけだろう。

だとしたら、最初にこうした事情を国民に説明し、「一定数の誤登録は仕方ないが、それで不利益が生じることはない」と約束すべきだった。膨大な手作業を、わずかなミスもなく完璧にこなさなくてはならないというのが非現実的なのだ。

メディアも（おそらくは）このことを知っていながら、登録担当者の失策をこの世の終わりであるかのように大々的に報じている。他者にこれほどの完璧を求めながら、新聞紙面にしばしば「お詫びと訂正」が載るのはどういうわけなのか。

健保組合などでの入力ミスで、マイナ保険証に別人の情報が登録されたケースは9000件あまりとされる。それに対して厚労省の担当者は国会で、紙の保険証による手続きミス（医療機関への返戻）が年間600万件発生しており、オンラインの資格認証システムの導入によって、これが劇的に減ってきていると答弁した。

9000件の誤登録（マイナ保険証の利用登録6500万件の0・01％）を一面で大きく報じる新聞は、毎年600万件起きているトラブルをなぜ無視しているのか。

アナログとデジタルの基本すら理解できない

マイナカードが運転免許証や保険証と一体化できるのは、公的な本人認証機能があるからだ。仕組みは銀行のキャッシュカードと同じで、ICチップとパスワードによって、カードの真正な所有者だと確認できた場合に「本人」と認証する。

ところがアナログとデジタルの基本すら理解できないメディアは、紙の保険証でもマイナ保険証と同じ行政サービスが受けられるとして、デジタル化に反対している。これがどれほど馬鹿げているかは、通帳とキャッシュカードで考えるとわかりやすい。

通帳を窓口にもっていっても、ATMマシンを利用しても、銀行のデータベースにアクセスして口座からお金を引き出すことができる。だがこれによって、「紙の通帳はキャッシュカードと同じだ」とか、「通帳の方が安心だからATMを廃止しろ」などと主張する者はいないだろう。

アナログな通帳や保険証をデジタルのデータベースにつなぐためには、必ず手作業が必要になり、そこでコストが発生する。逆にいえば、コストを度外視すれば、デジタルと同じことをアナログで実現することは理屈の上では可能だ。

ＡＴＭを廃止しても、全国のコンビニに銀行窓口を設置すれば、いまと同じ利便性を維持することはできるだろう。だがそのためには、天文学的なコストが必要になる。「マイナ保険証と紙の保険証は同じ」という主張は、デジタル化が遅れることで生じるコストは若者や現役世代に押しつければいいといっているのと同じだ。

マイナ保険証への一体化に反対する理由として、認知症の高齢者が入居する施設が保険証管理で困惑していることをメディアは大きく取り上げた。現在は紙の保険証を預かっているが、職員がマイナカードだけでなく暗証番号も管理するのは負担が大きすぎるという。

これも一見、「弱者」の立場からの正当な批判に思える（だから政府も対応に苦慮した）。だがよく考えると、メディアがいうように紙の保険証を残したとしても、この問題はまったく解決できない。なぜなら、これから認知症の高齢者の数はますます増えていくから。

認知症の発症率は65歳以上の約16％、80代後半だと男性の35％、女性の44％で、２０２０年に６００万人だった認知症患者は、25年には６７５万人に増えると予測されている。画期的な治療法が発見されないかぎり、20年後には８００万～１０００万人に達するだろう（その後厚労省が、２０４０年には認知症者と前段階の軽度認知障害を加えると、65歳以上の１２００万人、およそ

3人に1人がなんらかの認知的な障害を抱えるとの推計を発表した)。

当然のことながら、これだけの患者を介護するには施設がまったく足りない。問題は保険証の管理ではなく、「管理」できない認知症者が街にあふれることだ。

ところがメディアはこの「不都合な事実」を無視し、政権批判に都合のいいエピソードとして、高齢者施設の入居者を利用している。問うべき「問題」は、施設に入居できない認知症者をどのように医療・介護サービスにつなぐかのはずだ。

現代のラッダイト運動

キャッシュカードとパスワードが盗まれるとATMから現金を引き出されるのと同じように、マイナカードとパスワードが第三者の手に渡ると簡単に「なりすまし」ができる。これがパスワードを使ったデジタル認証のリスクだが、だからといって紙に戻すことはなんの解決にもならない。保険証には顔写真すらないのだから、デジタル以上に詐欺の温床になるに決まっている。

原理的に考えるならば、本人認証とは、アナログな身体をデジタルのデータベースにどのように紐づけるかという問題だ。そしていまのところ、パスワードに代わる方法はひとつしかない。それが生体認証だ。

スマホは指紋認証と顔認証を取り入れたことで、セキュリティが大きく高まった。多くの金融機関はこれを利用して、指紋認証だけで送金を完結できるようにしている。それ以外の生体認証には眼の虹彩や手首の静脈などがあり、究極の生体情報はＤＮＡだ。

マイナ保険証は顔認証に対応しているが、電子証明の有効期限は5年で、更新のたびに顔写真を撮影しなければならない。それに対して虹彩で公的な本人認証ができれば、生涯にわたってカードもパスワードも不要になるから、それをどのように管理するかで悩む必要もない。それに加えて、（これからどんどん増えていくであろう）施設に入居できない認知症者にも、虹彩をスキャンすることで医療・介護、生活保護などの行政サービスを効率的に提供できるだろう。

これは机上の空論ではなく、インドが導入した先進的な個人ＩＤ制度「アーダール」は指紋と虹彩を登録し、コロナ禍では10億回のワクチン接種をスマホのアプリだけで混乱なく終わらせた（それに対して日本では紙の接種券を郵送した）。だとしたら、高齢者施設で生体認証を先行して始めればいいではないか。

19世紀前半、産業革命で織物工業に機械が導入されたことで、イギリスの労働者たちが大規模な機械破壊運動を始めた。技術の進歩に適応できない者たちは「ラッダイト」と呼ばれた。

リベラリズムとはもともと、科学や技術によってよりよい社会をつくっていこうという進歩主義を含意していたはずだ。ところが「リベラル」を自称するメディアは、前向きな提案をいっさいせず、紙とＦＡＸの世界に戻せという「現代のラッダイト運動」を主導している。

コロナ感染拡大前の２０２０年1月、自民党の政治家（山田太郎参議院議員）がＳＮＳで「あなたのために政治に何ができますか？」と訊いたところ、20代、30代の若者たちから「苦しまずに自殺する権利を法制化してほしい」との要望が殺到した。これはディストピア小説ではなく、現在の日本の話だ。

5日間の実施期間に2200件あまりのコメントが集まったが、90歳の祖母を60歳の母親と介護する30歳の独身女性は、未来には絶望しかなく、「60歳くらいで両親共々命をたちたい」と書いている。

「リベラル」を自称するメディアや識者は、「高齢者に押しつぶされる」という若者の不安を、「世代間の対立を煽るな」といって抑えつけてきた。その結果、高齢者を少しでも「不安」にすることはいっさい許されない、「老人ファシズム」ともいうべきグロテスクな社会が生まれた。

紙の保険証を残せば高齢者は「安心」かもしれないが、デジタル化が遅れるほど行政コストは膨らんでいく。このままでは、親を介護し看取ってから、自分は安楽死（自殺）したいと思っているやさしい若者たちの声は誰にも届かない。

岸田首相や河野デジタル相は、デジタル社会を実現しなければならない理由を率直に国民に語り、「高齢者切り捨て」というメディアの批判に対しては、「若者を切り捨てるな」と堂々と反論すべきだ。

『週刊文春』（2023年8月17・24日夏の特大号）に寄稿した「マイナ騒動は『老人ファシズム』である。『紙の保険証残せ』はエセ正義」を一部加筆訂正した。

自ら道徳的責任を引き受けた藤島ジュリー景子こそまっとうだ

私はジャニーズになんの興味・関心もないし、故・ジャニー喜多川の特異な性癖の噂はもちろん知っていたが、自分にとってはどうでもいい話だと思っていた。

そもそもこの地球上では、理不尽なことや許しがたいことが無数に起きている。あなたも私も、それを無視して平穏な暮らしをしているのに、なぜジャニーズ問題だけ大騒ぎしなければならないのか。

だが2023年10月2日の記者会見で披露された手紙を読んで、すこし考えが変わった。

ジャニー喜多川の姪《めい》であり、〝女帝〟といわれたメリー喜多川の娘である（そしてジャニーズ事務所の全株式を相続した）藤島ジュリー景子氏（以下、ジュリー氏）は、今回の事件の後始末でずいぶん批判されているらしい。

だが手紙には、母との確執や自身の責任などが率直に書かれていて、おじが行なった性的虐待に苦悩する姿が伝わってきた。そこで本稿では、ジュリー氏を擁護してみたい。

ジュリー氏に法的な賠償責任はない

話の前提として、この事件の責任の所在について確認しておこう。

ジャニー喜多川の性癖は業界関係者のあいだでは周知の事実で、1980年代末には元アイドルの告発本が出て一般にも広く知られることになった。90年代末からは『週刊文春』が連続キャンペーンを行ない、それに対してジャニーズ事務所が提訴、2004年には「セクハラに関する記事の重要な部分について真実であることの証明があった」と最高裁が認定した。

ジャニーは1931年生まれで、60年代はじめに代々木の在日米軍宿舎「ワシントンハイツ」で、近所の少年たちを集めて「ジャニーズ少年野球団」を結成した。小児性愛の嗜好《しこう》は、すでにこの頃から始まっていたらしい。

記者会見では、ジャニーからの性被害を申し出た者が478人、補償を求める被害者が325人いることが明らかにされた。この数は今後も増えるだろうから、19年に死去するまでに一千人以上の10代前半の少年たちが性的な行為を強要された可能性がある。

この事件が悪質なのは、最高裁判決のあとも少年たちへの性加害が続けられたことだ。事務所の幹部が「知らなかった」「気づかなかった」では済まされず、当時の関係者には重い責任がある。

だが刑事事件としては、ジャニーが行なった性的虐待の罪を、犯罪を幇助《ほうじょ》したという明確な証拠があればともかく、親族や部下に帰すのは困難だろう。唯一、事務所を実質的に支配していた（ジュリー氏の母である）メリー喜多川には法的責任が生じるかもしれないが、彼女も21年に死去している。

民事上は、ジャニーの死亡によって不法行為の賠償責任は「ジャニーズ事務所」という法人に引き継がれ、その社長に就任したジュリー氏も法人の代表として責任を負うことになった（ジャニーの生前の性加害について、不法行為の損害賠償責任を相続したと見なされる可能性もある）。とはいえ、法律家が指摘しているように、不法行為による損害賠償の請求権は3年（あるいは5年）で時効になるため、ジャニーズ事務所が時効を援用すれば、ほとんどの被害者は請求権を失ってしまうだろう。

ジュリー氏が「法を超えた救済」を約束しているのは、法律的には被害者が救済されないことを知っているからだ。手紙にも、多くのファンドや企業から有利な条件での買収の話がたくさんあり、「そのお金で相続税をお支払いし、株主としていなくなるのが、補償責任もなくなり一番楽な道だとも何度も何度も多くの専門家の方々からアドバイスされました」と書いている。

ジュリー氏が株式を売却すると、新しい株主の下で法人は賠償義務を負うことになる。だがジャニーズ事務所を買収するのは利益を得るための投資であり、被害者への補償額が少なければ少ないほど利益は増え、投資効率は上がる。「100％株主として残る決心をしたのは、他の方々が株主で入られた場合、被害者の方々に法を超えた救済が事実上できなくなると伺ったからでした」と書いているのは、このことをいっている。

ここからわかるのは、ジュリー氏が自分には法的な賠償義務がないことを知っていて、それにもかかわらず自らの意思で、私財を投じて被害者に補償することを決めたということだ。このことをメディアは意図的に無視しているようなので、あえて強調しておきたい。

新会社への移行はよく考えられたスキーム

ジャニー喜多川が行なった性的虐待はおぞましいものだが、本人だけでなく、実態を知っていた（おそらくは積極的に事実を隠蔽していた）はずの姉も世を去ったことで、膨大な数の被害者だけが取り残されることになった。

これがこの事件の大きな特徴で、加害者が不在であることでひとびとの「正義の怒り」は行き場を失い、そのことによってジュリー氏が批判の矢面に立たされることになった。

だがそれだけでなく、所属するタレント、被害を告発した元タレント、メディアや広告スポンサー、〝ジャニオタ〟と呼ばれる熱狂的なジャニーズファンまでが「加害者」扱いされる収拾のつかない事態になっている。

ジャニーズのタレントを起用していた企業は「小児性犯罪を容認するのか」との批判におじけづき、次々とスポンサー契約を打ち切った。するとファンは、「タレントに非はないのに一方的に責任を負わせるのはおかしい」という（もっともな）疑問を抱き、その怒りが被害を告発した元タレントに向かうことになった。この現象は、社会心理学で「犠牲者非難」と呼ばれる。

性的暴行事件では、女性が被害を訴えても警察が事件化しなかったり、裁判で証拠不十分とされることがある。すると正義が実現せず、世界の公正さが傷つけられたままになってしまうので、この認知的不協和を解消するために、「自分から誘ったのではないか」などと被害者を非難し、都合のいいように物語をつくり替えて「公正世界」を回復しようとするのだ。

ジャニーズ問題では、「K-POPが市場を奪うための破壊工作である」「被害を告発している者は金目当てである」あるいは「慰安婦支援団体など左翼で反日の勢力が裏にいる」などの陰謀論がSNSで広まっているという（「藤田直哉のネット方面見聞録」朝日新聞2023年9月16日夕刊）。

ジャニーズのファンは、これまで熱心に〝推し活〟してきた自分たちが、まるで性犯罪に加担したかのように扱われたと感じたのだろう。現役タレントが「見て見ぬふりをしていた」と批判され、被害を訴えた元タレントをファンが陰謀論の標的にする現状は、けっして健全なものではない。

10月2日の記者会見では、タレントのマネジメントを新会社に移行し、加害責任はジャニーズ事務所が引き継ぐことが発表された。旧会社は名称を変更（株式会社SMILE-UP.）したのち被害者の補償に専念し、補償後は廃業するという。

このスキームがよく考えられているのは、現役タレントと、被害を訴える元タレントを、新会社（STARTO ENTERTAINMENT）と旧会社に分離したことだ。これによってファンは、〃みそぎ〃を終えたタレントをこれまでどおり〃推し活〃できるようになり、被害者をバッシングする理由もなくなると期待できる。

新会社の資本構成や、元裁判官で構成される被害者救済委員会がどのような基準でどの程度の補償をするのかなど、まだ多くの論点を残しているものの、この「私的整理」で事態は収束していくのではないか。

グロテスクな茶番劇

他人の家庭の事情を外部から窺《うかが》い知ることはできないが、ジュリー氏と母親の関係はけっして円満なものではなかったようだ。

「母メリーは、私が従順な時はとても優しいのですが、私が少しでも彼女と違う意見を言うと気が狂ったように怒り、叩き潰すようなことを平気でする人でした」という文面から、「毒親と娘」の関係を思い描いたひともいるだろう。

ジュリー氏は医師からパニック障害と診断され、「この状態（母娘関係）から、逃げるしかない」といわれたという。これでは、事務所の最大のタブーであるおじの性癖を問いただすようなことはできなかったにちがいない。もちろんこれでジュリー氏の道義的な責任がなくなるわけではないが、そのことは本人がもっとも痛感しているはずだ。

「ジャニーズ事務所を廃業することが、私が加害者の親族として、やり切らねばならないことなのだと思っております。ジャニー喜多川の痕跡を、この世から一切、無くしたいと思います」という文面からは、おじの性的虐待を強く嫌悪していることが感じられる。

だが私がいいたいのは、「ジュリー氏の真意はどこにあるのか」ということではない。そんなものは誰にもわからないし、本人ですら判然としていないかもしれない。

その代わりに私が注目するのは、「その謝罪にはコストがともなっているか」だ。

なんの不利益もない謝罪（政治家がよくやる）は「口先だけ」と見なされてひどく嫌われる。それに対してジュリー氏は、相当な額の私財を被害者の補償に拠出しようとしている。

もちろん、この程度では被害者が負った傷は回復できないという意見はあるだろう。だがジュリー氏はあくまでも「加害者の親族」であって、加害者ではない。

「どうすれば適切に謝罪できるか」はきわめて難しい（あるいは解のない）問いだが、ここで指摘したいのは、性的虐待に（間接的に）関与していながら、なんのコストも支払っていない者がいることだ。それがメディア、とりわけテレビ局だ。

日本のアイドルの歴史は、テレビ局がジャニーズのタレントを番組に起用して人気を盛り上げ、それによってジャニーズ事務所がメディアを「支配」していく歴史だった。各テレビ局にはジャニーズ担当の社員（バラエティ番組のプロデューサーや役員）がおり、接待したりされたりする関係だったことは、業界関係者なら誰でも知っている。

安倍元首相襲撃事件で自民党と旧統一教会の「ずぶずぶの関係」をあれだけ批判したメディアは、自分たちがジャニーズ事務所と同じ（というか、さらに悪質な）関係だった事実にいっさい触れようとしない。

そればかりか最近では、「適切な対話を続け、進捗《しんちょく》を注視する」とか、「組織体制の構築をより具体的に進めるよう促す」とか、いつの間にか自分たちが「正義」の側にすり替わったようなことをいっている。

アメリカで大きな社会問題になった大富豪ジェフリー・エプスタインの性的虐待事件では、14歳を含む36人の少女が被害を受けたとされ、パーティーで同席した者まで批判された（本人は収監中に自殺）。ジャニー喜多川の性的虐待の被害者はエプスタインの10倍をゆうに超えているが、この小児性犯罪者と親しく交遊していた者たちはなぜ問題にされないのか。

ジャニーズ事務所の記者会見で舌鋒《ぜっぽう》鋭く質問をした記者やリポーターがすべきなのは、メディアの歴代のジャニーズ担当者に説明責任を果たさせることだろう。だが実際にやっているのは、記者会見にNGリストが用意されていたとかの、どうでもいい批判ばかりだ。

なぜこんなことになるのか。その理由はいうまでもない。場の「空気」を乱すことはしないという暗黙の了解、あるいは忖度《そんたく》によって、不都合な提案をした者は二度と番組に呼ばれず、業界から排除されてしまうからだ。そしてこの「ムラ社会の同調圧力」こそが、ジャニー喜多川が半世紀以上にわたって性的虐待を続けられた理由だ。

性犯罪を容認してきた者たちがしたり顔で「人権」を振りかざし、私費を投じて被害者に補償しようとしている者を好き勝手に叩く。「正義」の名を騙《かた》る者たちの偽善と自己正当化によって、社会は壊れていく。

このグロテスクな茶番劇のなかでただ一人、自らの道徳的責任を自覚しているジュリー氏だけが、人間としてまともである。

『サンデー毎日』（2023年10月29日号）に寄稿した
「自ら道徳的責任を引き受けた藤島ジュリー景子こそまっとうだ」を一部加筆修正した。

あとがき

わたしたちはポスト・トゥルースの陰謀世界に放り込まれていく

Part4「『正義』の名を騙《かた》る者たち」に収録した2本の記事のうち、「マイナ騒動は『老人ファシズム』である。『紙の保険証残せ』はエセ正義」が『週刊文春』に掲載されたのは、テレビ、新聞、ネットニュースなどで連日のようにマイナ保険証問題が大きく報じられていたときでした。それを「老人ファシズム」と決めつけたのですから、さすがに編集部からも「これは叩かれるかもしれませんね」といわれました。

しかし蓋《ふた》を開けてみると、この記事についての批判はもちろん、言及されることすらありませんでした。掲載されたのが「文春砲」を連発していた週刊誌なので、気づかなかったということはさすがにないでしょう。

そのときわかったのは、メディアはもともとマイナ保険証についてまともに議論する気などまったくなかったということです。「高齢者の不安を煽るな」といいながら、マイナ保険証がいかに危険かという話で読者・視聴者の不安を煽ることが目的だったのでしょう。

その後、マイナ保険証への常軌を逸した報道は収束していきますが、メディアにとって私の記事は「KY（空気を読まない）」だったようです。せっかく政権批判で気分よく盛り上がっているときに、「行政をデジタル化しないで、紙とFAXだけでどうやってこれからの超高齢社会を運営できるのか」などという〝マジな話〟をされると興覚めだ、というのが本音だったのです。

「自ら道徳的責任を引き受けた藤島ジュリー景子こそまっとうだ」は『サンデー毎日』に掲載され、WEBなどでよく読まれた記事です。NHKの元理事やフジテレビの女性プロデューサーがジャニーズ事務所の顧問・取締役になっていることは一部のメディアが報じましたが、「ジャニーズ問題の検証」では、他局や新聞も含めこの事実にはいっさい触れようとしません。それにもかかわらず、（旧）ジャニーズ事務所に対し、検証と説明責任が足りないと批判するのは、いったいどういう神経をしているのかと思います。

メディアの偽善がもっともよく表われているのが、子宮頸《けい》がん（HPV）ワクチンに対する報道です。医療ジャーナリストの村中璃子《りこ》さんは『10万個の子宮』（平凡社）で、事実に基づかない反ワクチンの煽情的な報道によって接種率が約7割から1％以下まで下がり、それによってHPV（ヒトパピローマウイルス）に感染した10万人の女性の子宮が失われると警鐘を鳴らしました。

2015年、名古屋市で子宮頸がんワクチンの副反応を調べる7万人の疫学調査が行なわれました。これは国政時代にサリドマイドやエイズなどの薬害の悲惨さを知った河村たかし名古屋市長が「被害者連絡会」の要望で実施したものですが、名古屋市立大学による検証結果は、「ワクチンを打っていない女性でも同様な症状は出るし、その割合は24症状中15症状で接種者より多い」という驚くべき内容でした。

しかしこの〝事実（ファクト）〟は、被害者団体の「圧力」によって公表できなくなってしまいます。そしてメディアは、このことを知っていながらも、反ワクチン派と一緒になって科学的な証拠（エビデンス）を握りつぶしたのです。

村中さんの『10万個の子宮』では、子宮頸がんで反ワクチン報道をしたメディアとしてNHK、TBS、朝日新聞、毎日新聞が名指しで批判されています。ここで強調しておくべきは、これらのメディアが〝リベラル〟を自称しており、森友学園や加計《かけ》学園など安倍晋三元総理が関係する〝疑惑〟について、もっとも声高に検証と説明責任を要求していたことです。だとしたら、自分たちが（10万人が子宮頸がんに罹患するという）巨大な人災を引き起こしたことへの検証と説明責任を率先して果たすかと思えば、そんな報道などまったくしていなかったように振る舞い、最近では「HPVワクチンを接種しよう」などという啓発記事を載せる厚顔ぶりです。

いまさらいうようなことではないでしょうが、メディアにとって「正義」は他人（権力）を批判する道具で、報道とは読者を扇動してお金を稼ぐビジネスなのでしょう。これでは、ジャーナリズムの価値は地に落ち、どこにも「真実」はなくなってしまいます。

ファクト（事実）が「オルタナティブファクト」に置き換えられ、「現実世界が融解していく」ことについて、インターネットやSNSばかりが犯人扱いされますが、その背景にはご都合主義的な報道によってメディアへの信頼感が失われつつある現状があります。正統派のジャーナリズムがポピュリズムに屈していくのは、自業自得なのです。

このようにしてわたしたちは、ポスト・トゥルースの陰謀世界に放り込まれていくのでしょう。

2024年8月　橘 玲

橘玲

TACHIBANA AKIRA

作家。1959年生まれ。2002年、国際金融小説『マネーロンダリング』でデビュー。同年、『お金持ちになれる黄金の羽根の拾い方』が30万部超のベストセラーに。『永遠の旅行者』は第19回山本周五郎賞候補となり、『言ってはいけない　残酷すぎる真実』で新書大賞2017を受賞。本書の先行シリーズに『不愉快なことには理由がある』『バカが多いのには理由がある』『「リベラル」がうさんくさいのには理由がある』『文庫改訂版　事実vs本能　目を背けたいファクトにも理由がある』（いずれも集英社文庫）がある。

本書Part1～Part3に収録したのは2019年5月から2024年7月に『週刊プレイボーイ』誌に連載した「そ、そーだったのか!?　真実のニッポン」のコラムで、一部修正・加筆のうえ再構成しています。

Part 4「『正義』の名を騙る者たち」は、『週刊文春』（2023年8月17・24日夏の特大号）に寄稿した「マイナ騒動は『老人ファシズム』である。『紙の保険証残せ』はエセ正義」、『サンデー毎日』（2023年10月29日号）に寄稿した「自ら道徳的責任を引き受けた藤島ジュリー景子こそまっとうだ」を一部加筆修正したものです。

DD（どっちもどっち）論

「解決できない問題」には理由がある

2024年　8月 31日　第 1 刷 発 行

著 者　橘 玲　TACHIBANA AKIRA

装　丁　中山真志
発行人　樋口尚也
発行所　株式会社 集英社
〒101-8050　東京都千代田区一ツ橋 2-5-10
電話　編集部　03-3230-6371
販売部　03-3230-6393（書店専用）
読者係　03-3230-6080
印刷所　TOPPAN株式会社
製本所　加藤製本株式会社

ISBN 978-4-08-790178-8 C0095